LES SOURCES

DE

LA PROCÉDURE

CIVILE FRANÇAISE

PAR

E. GLASSON

PROFESSEUR A LA FACULTÉ DE DROIT DE PARIS

PARIS

L. LAROSE ET FORCEL

LIBRAIRES-ÉDITEURS

22 RUE SOUFFLOT, 22

1882

LES SOURCES

DE

LA PROCÉDURE CIVILE FRANÇAISE

LES SOURCES

DE

LA PROCÉDURE

CIVILE FRANÇAISE

PAR

E. GLASSON

PROFESSEUR A LA FACULTÉ DE DROIT DE PARIS

———

PARIS
L. LAROSE ET FORCEL
LIBRAIRES ÉDITEURS
22, RUE SOUFFLOT, 22

—

1882

LES SOURCES

DE LA

PROCÉDURE CIVILE FRANÇAISE

§ 1. — Préliminaires.

Les lois de procédure ont fait l'objet, dans ces derniers temps, de travaux considérables au point de vue historique. On a compris que les vieilles formes judiciaires font parfois revivre une partie des mœurs et de la civilisation antique, que souvent aussi ces formes du droit permettent de découvrir, sous une enveloppe extérieure, des principes fondamentaux qu'on croyait à jamais perdus. Il a été possible de faire revivre, par ces procédés, certaines législations primitives et de les comparer entre elles. Cette méthode a été suivie notamment par Henry Sumner Maine dans ses *Études sur l'histoire des institutions primitives*. C'est aussi par ce moyen que M. Sohm a reconstitué une partie du vieux droit civil de la loi salique (1).

Notre but est plus modeste et tout à fait différent ; nous nous proposons uniquement de rechercher les origines directes de notre procédure actuelle. Il pourrait être curieux de remonter aussi loin que possible pour déterminer et faire connaître les différentes procédures qui ont été observées chez nous depuis les temps les plus reculés. Mais ces

---

(1) Les études de sir Henri Sumner Maine ont été traduites de l'anglais par Durieu de Leyritz avec Introduction de M. d'Arbois de Jubainville (Paris, Thorin, 1880). Quand à la procédure de la Lex Salica de Sohm, elle a été également traduite par un savant répétiteur de l'École des hautes études, M. Marcel Thévenin. On pourra aussi consulter avec fruit Waitz, das alte Recht der Salischen Franken.

recherches ne seraient pas bien utiles pour l'étude de la
procédure actuelle et nous ajouterons qu'elles ont déjà
été faites. Nous ne savons presque rien de la procédure
des Gaulois (1). La procédure romaine n'a, au contraire,
aucun secret pour nous, et l'époque même des *legis
actiones* nous est en partie connue, surtout depuis la décou-
verte des Institutes de Gaius. A la procédure romaine a
succédé chez nous celle de la loi salique. Cette dernière a
d'ailleurs, elle aussi, subi des changements successifs :
au moment de l'établissement des Francs en Gaule elle
n'était plus absolument la même qu'à l'époque de la rédaction primitive de la loi des Francs saliens encore païens,
et après Clovis, sous les Mérovingiens, sous les Carolingiens
jusqu'aux temps féodaux, elle subit des transformations successives. C'est ce que nous avons essayé d'établir ailleurs, à
propos de l'histoire du droit anglais (2). En effet, les lois et les
institutions des Saliens se sont mieux conservées en Normandie que dans les autres parties de la Gaule et elles ont
ainsi, par l'intermédiaire du droit normand, exercé une
certaine influence sur le droit de l'Angleterre.

Une société nouvelle étant née de la féodalité, on vit
bientôt se former aussi une autre procédure que l'on désigne
sous l'expression, d'ailleurs assez impropre, de procédure
féodale. Essentiellement formaliste et rigoureuse, elle est
restée avec des modifications considérables, la base des
formes judiciaires en Angleterre. Nous avons montré que
cette procédure était à peu près la même chez nous.
Mais il s'est ensuite produit en France une série d'événements qui ont fini par la détruire : la lutte de la royauté
contre la féodalité, la renaissance du droit romain étudié
avec une ardeur qui n'a jamais été partagée en Angleterre,
l'influence du droit canonique, l'établissement, à un certain
moment, de la papauté à Avignon. La procédure féodale a
commencé par se transformer complètement pendant une
période de véritable fusion ; les prescriptions des ordonnances royales et les pratiques des tribunaux de l'Église l'ont péné-

---

(1) Voy. à cet égard de Valroger, La Gaule celtique, p. 181.
(2) Cet ouvrage, couronné par l'Institut, est actuellement sous presse.

trée de toutes parts et alors est née en France une procédure nationale qui a fini par se résumer dans l'ordonnance de 1667, puis dans le code de procédure qui n'est, en réalité, qu'une édition améliorée de la grande œuvre de Louis XIV. C'est le développement historique de cette procédure vraiment française que nous nous proposons de faire connaître. Nous l'étudierons d'abord dans la période de fusion de ses éléments constitutifs, féodaux, royaux, canoniques. Cette période nous conduira aux temps modernes. A partir de cette époque, il ne s'agit plus que de préciser et de rendre plus uniformes des principes déjà constitués ; ce sera l'œuvre, pendant la seconde période, des jurisconsultes et de la royauté. Mais avant d'aborder ces deux phrases du développement historique de la procédure civile, il n'est pas inutile de rappeler, en peu de mots, quelle fut, pendant tout ce temps, l'organisation judiciaire : la procédure est, en effet, l'instrument dont se sert la justice pour remplir sa mission.

§ 2. — L'organisation judiciaire dans notre ancienne France

Nous avons montré ailleurs comment s'est formée et définitivement constituée la jurisprudence anglaise. L'établissement d'une monarchie, à l'origine plus forte que celle de la France et dans la suite plus modérée, le partage de l'autorité publique entre le roi, la nation et le parlement, la participation des hommes libres à la vie publique, même après la fin du moyen âge, l'institution du jury, l'existence d'une justice royale puissante dès les premiers temps et étendant son action directe sur tout le royaume, l'influence des juges de *nisi prius* qui assuraient l'exacte et uniforme application des lois dans les provinces comme à Westminster, la création d'écoles pratiques qui retirèrent toute influence aux universités sur la formation de la science du droit, l'antipathie naturelle aux juristes anglais pour le droit canonique et pour le droit romain, un certain amour de la chicane et de la subtilité dont il est facile de découvrir l'origine normande, un esprit essentiellement pratique, dominé par l'habitude des affaires et du commerce et qui se débarrasse des principes de pure doctrine pour aller droit au fait, telles sont les principales causes qui ont donné à la jurisprudence anglaise sa physionomie propre et originale.

Pendant que la royauté anglaise luttait contre la nation et les barons coalisés pour arriver à une monarchie limitée et à un système de pouvoir partagé entre le souverain et le peuple, les rois de France soutenaient eux aussi, dans leurs États, de rudes combats, mais dans des conditions bien différentes. En Allemagne, le pouvoir impérial avait, dès les premiers temps, succombé sous celui des grands vassaux ; une foule de petits princes, tous souverains indépendants, plus tyranniques à mesure qu'ils étaient moins puissants, avaient formé une vaste fédération. En France, la royauté avait couru les mêmes dangers et on sait avec quelle habileté nos rois sont parvenus à maîtriser la féodalité. La protection accordée aux arrière-vassaux, l'affranchissement des communes, la création de troupes royales, l'introduction des justices permanentes, la convocation des États généraux minèrent les pouvoirs des grands seigneurs. De bonne heure, les rois de France, par la force ou par la ruse, parvinrent à réunir à la couronne tous les grands fiefs du royaume ; dès le seizième siècle, on ne retrouve plus de ducs de Bourgogne, de Bretagne, de Guyenne, ni de comtes de Toulouse, de Champagne, de Provence. Pour assurer cette suprématie de la monarchie, les rois avaient dû s'allier avec le clergé, les arrières-vassaux et les communes. En Angleterre, l'absence de grands fiefs avait évité ce danger à la monarchie. Une fois les grands feudataires supprimés, la monarchie française aurait pu entrer et rester dans la même voie que celle de l'Angleterre. Mais deux causes s'y opposaient : les arrière-vassaux, autrefois alliés de la royauté, voulurent prendre la place laissée vacante par la suppression des grands fiefs et se tournèrent à leur tour contre la monarchie ; celle-ci dut combattre ces nouveaux ennemis avec l'aide de la magistrature, de la bourgeoisie et du peuple, et, pour assurer définitivement sa suprématie, elle n'hésita pas à inaugurer le régime le plus absolu, en supprimant de fait la convocation des États généraux. Au douzième siècle, la monarchie française était encore faible et la couronne d'Angleterre déjà très forte ; au dix-septième siècle, les rois de France étaient devenus des monarques despotiques, alors que l'autorité des rois d'Angleterre n'avait jamais été aussi limitée. Même contraste pour la noblesse. Celle d'Angleterre n'avait jamais exercé une autorité trop puissante, mais elle était restée une force considérable dans l'État : ses membres vivaient au milieu des populations, exerçaient les fonctions publiques, siégeaient à la Chambre des Lords et même aux Communes. En France, les moyens de séduction de certains rois, tels que François Ier et Henri II, la force déployée par d'autres dans les guerres civiles, avaient fait de la noblesse un ornement dispendieux de la couronne et une classe inutile dans la nation. Le clergé n'était jamais parvenu à exercer la même influence politique qu'en Angleterre. Chez nos voisins, les archevêques et évêques siégeaient avec les pairs du royaume et, en France, le clergé formait un des trois ordres de l'État. Mais de très bonne heure, dès Philippe le Bel, la royauté avait fait comprendre qu'elle n'entendait pas tolérer les empiètements de la cour de Rome, et par cela même qu'elle assurait l'indépendance du clergé vis-à-vis du Saint-Siége, elle limitait sa force dans l'État. L'autorité des États Généraux, assez souvent convoqués jusque sous Louis XIII, parut fort gênante aux rois à partir du jour où ceux-ci n'eurent plus besoin d'eux. Les grands fiefs avaient été détruits, la noblesse abaissée : les intérêts de l'État étaient assurés à l'extérieur ; le roi avait une armée permanente à sa disposition ; dès le quatorzième siècle, le roi avait levé des impôts sans le consentement des États généraux, et bientôt on imagina de suppléer à leur absence en donnant certains pouvoirs à la magistrature ; les États de plusieurs provinces subsistèrent seuls, mais avec des pouvoirs qui ne pouvaient exercer une influence sur la marche générale de la nation. Les États Généraux n'avaient plus leur raison d'être ; aussi le jour où le roi Louis XVI les convoqua, ils ne purent subsister et faire preuve de vie qu'à la condition de se transformer en assemblée nationale constituante. La royauté, seule force et pouvoir de l'État, organisa la justice et la procédure comme elle voulut ; elle le fit au profit de son autorité, mais sans jamais perdre de vue l'intérêt des justiciables.

On sait que la cour des pairs de l'ancien duché de France s'était de bonne heure, identifiée avec le parlement de **Paris**. Les pairs furent considérés comme conseillers-nés du parlement et siégèrent en sus du nombre déterminé de juges, tandis que le parlement concourait avec les pairs pour juger toutes les causes civiles ou criminelles qui pouvaient concerner directement les pairs du royaume. Ainsi se produisit un résultat directement inverse de celui qui eut lieu en Angleterre, où la justice royale se mit en possession de celle des grands vassaux ; chez nous, la cour du duc de France usurpa celle du roi. En Angleterre l'autorité des cours royales s'étendit sur tout le royaume à une époque où en France la puissance de la justice royale était plus nominale que réelle dans les pays de non-obéissance. Pendant plusieurs siècles, il n'y eut qu'une seule cour souveraine pour tout le royaume ; le parlement de Toulouse n'eut sous Philippe le Bel qu'une existence précaire et momentanée. Une ordonnance de 1303 avait promis d'établir à Toulouse un parlement à la condition qu'on n'appellerait pas de ses sentences ; mais cette ordonnance ne fut pas exécutée, soit que les méridionaux aient refusé de considérer le parlement de **Toulouse** comme une cour souveraine, soit que la royauté elle-même ait compris le danger de rompre l'unité du parlement établi à Paris. Plus tard, au contraire, les rois n'ont plus consenti au maintien d'une juridiction suprême unique, qui aurait porté ombrage à leur puissance. On sait comment ont été successivement constitués nos anciens parlements et conseils souverains et ce morcellement de la justice a été l'une des principales causes qui ont longtemps empêché l'unité de s'introduire dans la loi, alors qu'en Angleterre, sous l'influence des cours centrales de Westminster, on jouissait à peu près partout, et depuis des siècles, des bienfaits d'une législation uniforme.

On retrouve toutefois, dans les provinces, des magistrats qui exercèrent, au profit de la royauté, une influence assez semblable à celle des juges de *nisi prius*.

Les rois et les grands vassaux ne pouvaient pas, le plus souvent, tenir leurs cours en personne, absorbés qu'ils étaient par les affaires politiques de leurs États. Tantôt un évêque, un prince ou un autre grand seigneur occupait la présidence, tantôt un officier de la maison du roi était honoré de cette commission, le plus souvent, un sénéchal. A l'origine, les sénéchaux n'avaient exercé leurs fonctions judiciaires que par délégation spéciale et le roi restait toujours le maître de donner sa commission à tel officier de sa maison, à tel seigneur ecclésiastique ou laïque qu'il jugeait convenable. Philippe-Auguste, le premier, créa des magistrats chargés, d'une manière permanente et à titre d'office, de rendre la justice au nom du roi. Le domaine royal fut divisé en quatre provinces et l'administration de la justice fut confiée, dans chacune d'elles, à un *bailli* qui exerçait, en outre, des fonctions administratives importantes. Comme le titre général de bailli était déjà employé pour désigner toute personne qui avait obtenu commission d'une autorité quelconque, ces nouveaux officiers royaux prirent spécialement le nom de *grands baillis*. Dans les premiers temps, les grands baillis furent nommés par le roi pour ses domaines, tandis que les sénéchaux l'étaient par les grands vassaux ; mais après l'extinction totale des grands vassaux et la confusion de leurs droits avec ceux de la couronne, il n'y eut plus, entre le bailliage et la sénéchaussée, qu'une différence de nom.

Ces grands baillis différaient, sous deux rapports essentiels, des juges anglais de *nisi prius* : ils constituaient un degré spécial de juridiction, distinct de celui du parlement et placé au-dessous de lui, tandis que les juges de *nisi prius* étaient les représentants mêmes des cours royales des Westminster ; ils constituaient une juridiction permanente alors que la mission des juges voyageurs était temporaire. D'ailleurs ce point bien établi, il est facile de relever de nombreuses ressemblances entre nos grands baillis d'une part, les juges de *nisi prius* et les sheriffs d'autre part. Comme ces derniers, les grands baillis faisaient des tournées dans l'étendue de leurs provinces ; ils convoquaient les hommes du canton, les pairs des parties, recueillaient leurs avis ; en un mot, ils tenaient des assises de même que les juges de *nisi prius*. Ils statuaient directement sur les affaires les plus importantes et en appel sur les jugements des juges inférieurs ; ils devinrent aussi de bonne heure, juges d'appel des juridictions seigneuriales. Toutefois, ils ne statuaient pas en dernier ressort : leurs propres jugements étaient soumis à l'appel en parlement, et lorsqu'on y jugeait ces appels, les grands baillis devaient se rendre en personne au parlement qui exerçait sur eux, comme l'attestent les *Olim*, un droit de surveillance et de censure. D'ailleurs les grands baillis étaient choisis parmi les membres du parlement et, sous ce rapport encore, ils se rapprochaient des juges de *nisi prius*. Comme ces derniers aussi, ils étaient chargés, d'une manière générale, de la sauvegarde des droits du roi et remplissaient certaines fonctions dévolues en Angleterre aux sheriffs. Ainsi, ils étaient chargés de publier les ordonnances des rois, de veiller à leur exécution ; ils commandaient la banc féodal et conduisaient à la guerre les vassaux avec leur suite. Toutes ces fonctions étaient également celles des sénéchaux qui ne différaient, comme on l'a déjà dit, des grands baillis, que de nom. Cependant les sénéchaux ont peut-être, en fait, exercé une influence encore plus considérable que les grands baillis ; établis dans le midi de la France, avec des ressorts plus étendus, ils trouvaient, dans leur éloignement même du roi et du parlement, la cause d'une certaine indépendance.

Ces tribunaux ordinaires du roi, bailliages, grands bailliages et sénéchaussées, parlement, diffèrent de bonne heures des justices royales d'Angleterre. Tant que la cour du roi avait seulement statué sur les questions féodales, les seigneurs, les pairs des parties parvenaient encore à rendre la justice d'une manière assez sérieuse : le droit féodal n'était, à l'origine, composé que d'un petit nombre de règles simples et précises. Mais le régime des fiefs s'était, comme on le sait, bien vite compliqué, au point de faire naître les questions de droit les plus délicates. D'un autre côté, les appels des jugements des baillis étant devenus fréquents, il fut nécessaire de connaître les coutumes qu'ils appliquaient dans leur ressorts entre roturiers ; or ces coutumes n'étaient pas fixées par écrit et variaient à l'infini ; aussi était-on obligé d'ordonner des enquêtes pour en rechercher le sens et la portée, et l'enquête terminée, on contestait même souvent l'autorité de la coutume. Le droit romain était aussi souvent cité. Il n'était plus permis de l'ignorer depuis que les particuliers avaient pris l'habitude de faire constater leurs conventions par des légistes qui employaient la langue latine et inséraient des clauses empruntées au droit romain. La profession d'avocat s'était aussi réorganisée et ceux qui l'exerçaient, légistes subtils ou même peu scrupuleux, s'attachaient à embrouiller les affaires, à dénaturer les faits, à falsifier les citations, à soulever des incidents. La procédure était devenue, surtout depuis l'abolition du combat judicaire, un art fort difficile et la science du droit s'était beaucoup plus compliquée qu'en Angleterre, sous l'influence du droit romain et du droit canonique. Les pairs des parties se firent d'abord assister à la cour du roi par des légistes qui leur donnaient des avis et des conseils ; on leur adjoignait aussi des enquêteurs, c'est-à-dire des légistes chargés de faire des enquêtes. Mais bientôt les seigneurs se dégoûtèrent des complications de la procédure ; ils se sentaient humiliés par la présence des légistes qui, à la vérité, avaient seulement voix consultatives, mais étaient, en réalité, beaucoup plus instruits qu'eux. Aussi les seigneurs ne vinrent plus qu'aux réunions politiques et abandonnèrent leurs sièges dans les affaires judiciaires. Le roi aurait pu les punir, mais s'en garda bien ; les successeurs de saint Louis s'attachèrent à consolider la conquête des légistes qui avaient pris la place des pairs. Les mêmes causes produisirent les mêmes effets dans les bailliages et ainsi disparut le principe du jugement par les pairs, tandis qu'en Angleterre il servit d'appui au jury. Le jury n'a pas sa source dans ce principe ; mais à l'époque où les jurés cessèrent d'être des témoins ou des experts d'une certaine nature pour devenir de véritables juges de fait, on vit, à tort d'ailleurs, dans le jury une application du principe du jugement par les pairs.

A mesure que l'autorité royale s'était étendue et était devenue plus puissante, les affaires du royaume avaient aussi pris plus d'importance et les rapports entre particuliers s'étaient eux-mêmes multipliés à l'infini. Aussi était-il devenu impossible, pour les juridictions ordinaires, de statuer sur toutes les affaires et nous allons assister, en France comme en Angleterre, à la création d'un grand nombre de *juridictions spéciales*. Dès le règne de Philippe le Bel, l'ancienne cour du roi est divisée en deux juridictions distinctes: le *Conseil* chargé de donner des avis au roi, et la Chambre aux pletz ou Parlement. On donnera bien encore parfois le nom de Conseil ou Grand Conseil au Parlement ou réciproquement, mais la confusion n'est plus possible entre les deux assemblées et chacune d'elles prendra bientôt sa domination propre. Le roi continuera à présider le Conseil, mais, malgré son absence au Parlement, celui-ci resta cour souveraine. Toutefois l'ordonnance du 25 mars 1302, tout en consacrant ce principe, introduisit, contre les arrêts du parlement, deux voies de recours qui ressemblent singulièrement à notre requête civile et au pourvoi en cassation : tantôt les parties avaient le droit de s'adresser au parlement lui-même pour obtenir la révision de l'arrêt ; tantôt elles pouvaient porter l'affaire devant le roi, *in magno concilio*, lequel était chargé, comme nous dirions aujourd'hui, de rechercher s'il y avait eu violation de la loi ; en cas d'affirmative, le roi prononçait l'annulation de l'arrêt et donnait de nouveaux juges aux parties. Le parlement fut froissé de cette prééminence donnée au Grand Conseil ; c'était pourtant la conséquence nécessaire de la division de la cour primitive en deux assemblées dont l'une continuait à être présidée par le roi. D'ailleurs ce que le parlement perdait en rang, il le gagnait en indépendance.

Ce n'est pas ici le lieu d'étudier successivement les différentes juridictions qui ont été créées par la royauté. Pendant la guerre de Cent Ans, les rois, absorbés par les affaires extérieures, n'eurent pas le temps de s'occuper de l'administration de la justice. On doit toutefois excepter Philippe V qui divisa le parlement en trois chambres, conféra aux conseillers l'inamovibilité, établit un ministère public et un greffier près le parlement et créa la cour des comptes. Sous Jean, d'autres juridictions spéciales furent constituées : chambre du trésor, cour des monnaies, grand maître des eaux et forêts, amirautés, tribunaux d'élection. Mais c'est surtout à partir de Charles VII que la royauté, défitivement triomphante contre les Anglais, contre l'Église, contre la féodalité, prend en main l'organisation de la justice. D'ailleurs les bases fondamentales de cette organisation sont depuis longtemps jetée, et il s'agit seulement de la compléter ou de la modifier dans ses détails. Comme l'Angleterre, la France est entrée définitivement dans sa voie propre, seulement c'est la royauté qui chez nous en prend la direction exclusive. Sous Charles VII, le parlement est réorganisé et la chambre des Tournelles créée ; il établi un second parlement à Toulouse et celu de Paris cesse ainsi d'être la seule juridiction suprême de droit commun du royaume. Ce premier démembrement sera bientôt suivi d'autres ; Louis XI créera des parlements à Bordeaux, en Bourgogne, en Bretagne ; Louis XII établira le parlement de Provence et érigera aussi l'Echiquier de Normandie en cour souveraine. Ainsi sont définitivement établis ces grandes centres judiciaires des provinces qui n'ont jamais existé en Angleterre. En l'absence de juges de *nisi prius*, ces parlements étaient encore souvent fort éloignés des justiciables. Henri II imagina de créer des présidiaux dans toutes les villes où existait déjà un grand baillaige ou une sénéchaussée. En réalité, cette mesure était purement fiscale et avait pour objet de créer des ressources à la couronne : il fut, en effet, établi, auprès des présidiaux, un grand nombre de sièges de juges qui n'existaient pas auprès des grands bailliages et des sénéchaussées. Mais, en réalité, Henri II ne créa pas un nouveau degré de juridiction royale entre les justices inférieures et les parlements : il se borna à modifier celui qui existait déjà et à changer son nom. Il fit toutefois mieux, lorsque, par le premier chef de son édit de 1551, il attribua aux présidiaux le pouvoir de juger en dernier ressort les appels des jugements rendus sur les demandes qui n'excédaient pas 250 livres en capital une fois payé ou 10 livres de rente ; ces petites affaires ne purent, à l'avenir, aller au parlement où elles auraient été la cause de frais trop élevés. C'est aussi pour diminuer aux plaideurs les lenteurs et les frais de la procédure que, sous Charles IX, une ordonnance de 1560 distingua les affaires en ordinaires ou sommaires ; on commença aussi, dans le même but, à créer des tribunaux consulaires. A partir de Henri IV, il n'est plus guère touché à l'administration de la justice.

Au milieu de cette immense essor de la puissance royale, les justices des seigneurs, celles de l'Eglise, celles de certaines municipalités, n'avaient pas tardé à tomber dans le plus complet abaissement.

Ce n'est pas ici le lieu d'exposer les luttes de nos anciens

rois contre la féodalité ; ils ont triomphé des justices seigneuriales par la suppression du combat judiciaire et l'extension du droit d'appel, par le développement des cas royaux,
par l'établissement des grands baillis, des sénéchaux et du
ministère public. En dernier lieu, les justices d'église ne
connaissaient plus que du mariage et des difficultés qui s'y
rattachent, des affaires spirituelles et de certains procès contre les clercs. Elles ne pouvaient d'ailleurs pas veiller à
l'exécution de leurs décisions.

Les justices municipales, après avoir survécu à l'invasion des
barbares dans le midi de la France, après avoir pris certains
développements, même dans le nord, par l'effet des chartes
d'affranchissement des communes, avaient à peu près complètement disparu en 1789. Cependant leur existence n'avait jamais porté ombrage à la royauté. Organisées et compétentes
avec des variétés infinies, elles jugeaient à charge d'appel au
roi ou à son bailli. Néanmoins, dès 1560, elles furent suppri-
mées en tant que juridictions inférieures, partout où il existait un bailliage ou un siège resortissant au parlement ; la
création des tribunaux consulaires leur enleva aussi un grand
nombre d'affaires. Elles n'en furent pas moins, dès 1566,
privées de toute juridiction civile, puis, en 1579 et 1580, de
toute juridiction répressive sérieuse. Elles ne furent main-
tenues qu'en matière de petite police, sans jamais pouvoir
prononcer une condamnation supérieure à quarante sous.

Les justices seigneuriales étaient restées fort nombreuses,
et couvraient tout le royaume, mais elles ne jugeaient plus
que de petites affaires et servaient plutôt de rendez-vous
aux gens de loi de bas étage qui voulaient exploiter la bonne
foi des plaideurs. Ces justices seigneuriales statuaient toujours à charge d'appel au baili du roi. Mais depuis Charles IX
il était interdit aux seigneurs de créer de nouvelles justices ou
d'établir des degrés d'appel entre elles. La royauté retira même
aux seigneurs la faculté de juger eux-mêmes ; ils furent tenus
de nommer des juges qu'ils payaient et, à partir de 1693, ces
juges seigneuriaux durent même recevoir l'investiture du roi

L'œuvre de la Royauté fut aussi remarquable dans la procédure que dans l'organisation judiciaire. La procédure anglaise s'est, pour ainsi dire, formée d'elle-même : elle a s

source dans la loi commune et dans les principes du droit féodal. Chez nous, la procédure remonte à deux sources différentes : le droit canonique et les ordonnances royales. Les pratiques judiciaires ont dû se soumettre à ces deux forces.

Toutefois à ces deux sources on doit ajouter, surtout pour la seconde période, les œuvres de nos jurisconsultes.

3. — Les sources de la procédure française

A. LA PROCÉDURE CANONIQUE

La procédure canonique de Gratien et du recueil de Grégoire IX, exposée par Guillaume Durand, dans son *Speculum juris*, a successivement passé dans nos tribunaux laïques de l'époque féodale, dans les ordonnances royales et enfin dans le code de procédure.

Saint Louis ne voulut pas adopter la procédure ecclésiastique dans ses tribunaux au moment même où il attaquait les juridictions d'Eglise ; aussi créa-t-il une procédure spéciale. Mais cette procédure, pleine de subtilité et de dangers, ne tarda pas à être vue avec défaveur ; elle tomba bientôt en désuétude et les juristes n'hésitèrent pas à fixer leur choix sur la procédure canonique, qui avait emprunté au droit romain les principes susceptibles de s'adapter à la société nouvelle (1). Deux événements mémorables facilitèrent l'introduction de la procédure canonique : la fixation du parlement à Paris et la translation du Saint-Siége à Avignon.

La magistrature commençait à s'organiser et ceux qui voulaient s'adonner à la pratique, comme magistrats ou comme avocats, se rendaient en foule à Avignon pour s'initier aux secrets de cette procédure savante qui faisait l'admiration de l'Europe.

---

(1) C'est ce qu'a déjà fait remarquer Montesquieu (Esprit des lois, liv. 28, ch. 41) et à ce propos on lui a reproché, bien à tort, d'avoir dit qu'à cette époque on ne connaissait pas le droit romain. Montesquieu n'a jamais soutenu que le droit romain avait disparu de France, mais qu'entre deux procédures, l'une appliquée par les tribunaux d'Église et l'autre purement théorique, faite pour un autre peuple, remontant à plusieurs siècles, on avait eu raison de préférer la première.

C'est ainsi qu'elle passa de la plus haute juridiction ecclésiastique dans la cour suprême du roi et de là dans les juridictions inférieures. Pendant que des légistes remplaçaient les formes arbitraires, dangereuses et matérialistes de la procédure féodale par des formes nouvelles, plus logiques, garantissant les intérêts de tous au lieu de les compromettre, les Anglais en restaient à la procédure féodale, plus ou moins modifiée par les mœurs, par le temps ou par les statuts, mais toujours obscure, compliquée et incommode. On ne peut pas expliquer autrement l'immense supériorité de notre procédure civile ; elle tient, avant tout, à ce que l'élément germanique et féodal a été remplacé par l'élément canonique et romain. L'Église condamnait avec raison la procédure arbitraire et barbare des cours féodales ; ses officialités appliquaient, pour la conduite des procès, des principes qui formaient une procédure, dans le sens exact et scientifique de ce mot et cette procédure était enseignée avec soin dans les écoles où se formaient les clercs. La procédure canonique fut appliquée d'abord devant les cours laïques pour les procès que l'Église était obligée d'y porter ou d'y soutenir. Les clercs s'efforcèrent aussi de l'introduire dans les autres affaires en même temps qu'ils attiraient dans les juridictions d'Église une foule de procès ordinaires. A l'époque où les juristes prirent la place des barons, il resta un grand nombre de clercs dans les cours laïques et les légistes eux-mêmes favorisèrent l'extension de la procédure canonique. L'étude du droit romain contribua beaucoup à cette révolution et il ne pouvait en être autrement par cela même que le droit canonique s'était souvent inspiré des règles posées par les jurisconsultes de Rome.

Cette étude du droit romain s'était d'abord répandue dans les pays du midi ; aussi est-ce en premier lieu au sud de la Loire que la procédure féodale perdit du terrain ; elle disparut ensuite dans les pays d'obéissance du roi, et enfin dans tous les autres pays situés au bord de la Loire. Tandis que pour le droit privé on distingua toujours, dans notre ancienne France, entre les pays de droit écrit et ceux de coutume, de bonne heure on ne connut partout qu'une seule procédure. Ce fut la conséquence de la suprématie des justices royales sur les autres et aussi de l'influence immense qu'exerçait le parlement établi à Paris.

Les principales sources de la procédure canonique se trouvent dans le décret de Gratien et dans le recueil de Grégoire IX. Déjà auparavant les décisions des conciles et des papes avaient fait l'objet d'importantes compilations (1) ; mais le décret de Gratien embrasse tous les recueils précédemment composés dans les divers pays de l'Europe ; il résume tous les travaux antérieurs et l'emporte sur eux autant par sa méthode que par son esprit de conciliation.

Le décret de Gratien est composé de trois parties. La première, comprenant 102 titres, appelés *distinctiones*, traite du droit en général, des personnes ecclésiastiques, des élections, consécrations, des droits et devoirs des clercs, de la hiérarchie, de la juridiction, des rapports spirituels et temporels. La seconde partie, composée de 36 sections, appelées *causæ*, subdivisées en questions, s'occupe de la forme des jugements, des appellations, des droits des évêques, de la distinction des biens de l'Eglise, des biens patrimoniaux des clercs, des usuriers, des dîmes, des prescriptions ; elle comprend aussi des dispositions relatives aux personnes déclarées infâmes, aux libelles diffamatoires, aux élections des abbés, aux mariages, aux serfs, aux prohibitions et nullités de mariage, aux crimes des laïques, aux pénitences ; enfin elle renferme les principes sur la juridiction, le dernier ressort, l'appel, les délais d'appel, la compétence des juges civils et ecclésiastiques pour les clercs. La dernière partie, intitulée *de consecratione*, s'occupe de la consécration des églises, de la célébration du mariage, de la publication des fêtes et cérémonies et des sacrements.

(1) La première collection des décisions des conciles généraux rédigée en grec, contenait les quatre conciles œucuméniques de Nicée (325), de Constantinople (384), d'Ephèse (431), de Chalcédoine (451). Plusieurs traduction latines de ce recueil furent publiées, l'une, officielle, en 460, sur l'ordre du pape saint Léon. Vers l'an 500, le moine Denys le Petit publia une nouvelle collection sous les titres de Corpus canonum, Codex vetus Ecclesiæ romanæ. Vers le milieu du 9e siècle parut la fameuse collection des fausses décrétates sous le nom d'Isidore ; puis vinrent le recueil de Reginon (906), celui de Burchard (1020), celui d'Yves de Chartres, celui d'Anselme et enfin le décret de Gratien (1140 à 1151).

Le décret de Gratien obtint un succès immense, non seulement à cause de son mérite, mais encore parce qu'il proclamait la supériorité du pouvoir spirituel sur le pouvoir temporel. On l'enseigna à l'université de Bologne avec la même ardeur que le droit romain et c'est à partir de cette époque que les docteurs prirent le nom *Doctores in utroque jure.*

De nombreuses décrétales ayant encore été rendues après la publication du Gratien, il devint nécessaire de recueillir ces *extravagantes.* Plusieurs compilations furent successivement composées jusqu'au pontificat de Grégoire IX qui fit rédiger un recueil général par le grand pénitencier Raymond de Pennaforte. Ce nouveau recueil fut envoyé aux universités de Bologne et de Paris. Grégoire IX ordonna qu'il fût seul employé, à l'avenir, dans les écoles et les tribunaux et décida qu'aucun nouveau recueil ne pourrait être composé sans l'autorisation du pape. L'œuvre de Grégoire IX se divise en cinq parties comprenant toutes les branches du droit. La première partie est composée de dispositions générales empruntées aux collections de Justinien et aux recueils antérieurement publiées. La seconde partie est consacrée à la procédure civile qu'elle organise d'une manière définitive, réalisant un immense progrès : elle traite de l'instruction des procès, des jugements, de l'appel. Les 3° et 4° livres sont consacrés à la discipline et au mariage ; le 5° traite de matières mixtes, de droit ecclésiastique et civil, et le recueil se termine par deux titres, l'un *de Verborum significatione,* et l'autre *de regulis juris,* emprunt malheureux à la méthode de Justinien. L'œuvre de Grégoire IX fut complétée bientôt par trois petits recueils composés par ordre des trois papes Innocent IV, Grégoire X et Nicolas III (1).

La procédure canonique était définitivement organisée : telle elle sortit du recueil de Gratien en 1151, et surtout de

(1) Les recueils de droit canonique qui furent faits ensuite sont : à la fin XIII° siècle (1298), le recueil de Boniface VIII, supplément à celui de Grégoire IX et connu sous le nom de Liber Sextus ; au XIV° siècle, les Clémentines ; en 1488, les Extravagantes communes, recueil des décrétales rendues depuis Urbain V jusqu'à Sixte V.

celui de Grégoire IX en 1234, telle elle fut appliquée pendant trois cents ans.

La procédure étant devenue une véritable science, dut attirer l'attention des jurisconsultes. Dès 1234, le canoniste Tancredus, de Bologne, publia, sous le titre d'*Ordo judiciarius*, un exposé de la procédure conforme au droit romain et au droit pontifical : cet ouvrage fut traduit en français et exerça chez nous une sérieuse influence dans les justices laïques. Un grand nombre d'autres traités de procédure furent encore composés par les glossateurs et les bartholdistes (1).

En France, les jurisconsultes suivirent l'impulsion de l'école italienne. Jacob, professeur de droit à Montpellier, a écrit un traité des actions avec formules pratiques, très connu sous le nom de *Practica aurea*, auquel M. de Parieu a consacré une intéressante étude dans la Revue de législation et de jurisprudence (2). La *Summa de judiciis possessoriis* d'Odo de Senonis, professeur à Paris, n'est pas non plus sans valeur. Mais l'œuvre la plus remarquable est, sans contredit, le *Spe-*

(1) Bassianus (+ 1197) a laissé un ouvrage assez original sous le nom d'*Arbor actionum*. Bulgare (+ 1166) a aussi écrit un traité de procédure. Guarnerius (+ 1140), le chef des glossateurs, a composé un formulaire pour les notaires et un *Ordo judiciorum*. Otto a laissé un traité *de Ordine judiciario*. Pillius qui a beaucoup écrit, et en général dans une forme préférable à celle des autres glossateurs, a aussi fait un *Ordo judiciorum*. Le traité *De varietate actionum* de Placentinus est resté célèbre. On peut encore citer les *Ordines judiciorum* de Refredus. Parmi les Bartholdistes, Balde a composé une *Practica judiciaria* ; Barthole, un écrit bizarre qui nous donne la mesure du mauvais goût de l'époque : *Quæstio inter Virginem Mariam et diabolum*, dans lequel Lucifer plaidant contre la Sainte Vierge devant Jésus-Christ revendique le genre humain avec des arguments tirés du droit romain et suivant toutes les règles de la procédure. Jacobus de Belvisio (+ 1335) a laissé une *Practica criminalis* qui a obtenu le titre d'*Aurea*. Enfin on possède un traité des actions (*de actionibus*) de Jacobus Buttrigarius (+ 1348). Dans les siècles suivants, les jurisconsultes italiens ont beaucoup plus abandonné la procédure et c'est tout au plus si l'on peut citer aux 16e et 17e siècles un traité des preuves de Mascardus (*Conclusiones probationum omnium*) et trois ouvrages de Menochius : *De præsumptionibus*, *De adipiscenda et recuperanda posessione*, *De arbitrariis judicum quæstionibus*.

(2) Tom. XX, p. 117.

culum judiciale de Guillaume Durand, système de droit pratique, civil et canonique, écrit dans des proportions inconnues jusqu'alors et qui a valu, à son auteur, le surnom de Speculator. Guillaume Durand a, sans doute, tiré grand profit des écrits déjà publiés, et Dumoulin lui a même reproché d'avoir beaucoup trop compilé. Mais le Miroir judiciaire n'en a pas moins mérité, par sa méthode, sa logique et son étendue, de devenir le guide des praticiens et des juges ; il a exercé une influence considérable sur notre ancienne procédure (1).

Les caractères de la procédure canonique sont très accentués. On peut les résumer en disant que cette procédure est une et écrite. Le droit canonique applique la même procédure aux affaires criminelles qu'aux affaires civiles ; aussi les recueils de ce droit ne s'occupent que des délits et des peines canoniques. De même, dans notre ancienne France, il n'y a eu fort longtemps qu'une seule procédure ; il a fallu des siècles

(1) Guillaume Durand, né en Provence, étudia le droit à Bologne, l'enseigna ensuite à Modène, fut chapelain de Clément IV, revint en France où il fut successivement doyen de Chartres et évêque de Mende. Il mourut jeune et d'une manière tout à fait romanesque, si l'on en croit Pasquier (Recherches sur la France, chap. 35. 1. 9).

Le *Speculum juris* se divise en quatre parties La première traite de l'organisation judiciaire, des pouvoirs et des devoirs du juge, des récusations, des représentants des parties (tuteurs, mandataires, avocats, etc.) des témoins, des émoluments à payer aux juges et à leurs auxiliaires. La seconde partie, spécialement consacrée à la procédure civile, est surtout remarquable par la logique des développements ; l'auteur s'occupe successivement : 1. Des actions ; 2. De la cession des actions ; 3. De la compétence ; 4. De la présentation du rescrit au juge délégué ; 5. De la citation ; 6. De la contumace ; 7. De libelli oblatione ; 8 et 9. Des divers délais à obtenir ; 10. Des exceptions et répliques ; 11. Des demandes reconventionnelles ; 12. De la *Litis contestatio* ; 13. Du serment ; 14. Des positions ; 15. Des preuves ; 16. Des productions de pièces ; 17. De la délation du serment ; 18. Des plaidoiries et conclusions ; 19. Du jugement ; 20. De l'exécution ; 21. De l'appel ; 22. De la restitution en entier ; 23. Des dépens et autres accessoires. La troisième partie est consacrée à la procédure criminelle. La quatrième, inférieure aux précédentes, offre une certaine confusion et traite des matières les plus diverses, des actions possessoires, des servitudes, de la revendication et de la publicienne, de la vente, du louage, des obligations, des successions et testaments, et enfin de plusieurs matières ecclésiastiques.

pour que la procédure criminelle se dégageât de la procédure civile et c'est seulement sous le règne de Louis XIV que deux ordonnances distinctes ont été rendues pour chacune d'elles.

La procédure canonique était écrite et non pas orale. L'Église a toujours marqué une grande prédilection pour l'écriture : c'est un témoin qui ne meurt pas et qu'on ne corrompt jamais. Elle voulait que les actes de la vie civile ou religieuse fussent consignés par écrit. De très bonne heure elle imposa cette forme à la demande en justice. En 853, au concile de Soissons, Hincmar rappela, à l'observation de cette règle, des clercs qui lui avaient présenté verbalement leur demande. Mais, dans ces temps d'ignorance, les parties ne pouvaient elles-mêmes recourir à l'écriture. Aussi les clercs des évêques devinrent des notaires épiscopaux (plus tard apostoliques) et les secrétaires des évêques remplirent les fonctions de greffier. Pour mettre un terme aux incertitudes et à la variété des pratiques, le concile de Latran de 1215 organisa l'institution des greffiers ; il prescrivit qu'en toute matière, le juge fût assisté d'un ou de deux greffiers chargés de rédiger les actes, d'en garder minute et d'en délivrer expédition (1). L'institution des greffiers ainsi organisée, passa du droit canonique dans notre procédure française. Pendant longtemps, les fonctions de greffier des justices laïques furent remplies par des personnes attachées au service du juge ; mais en 1302, Philippe le Bel ordonna qu'à l'avenir ces personnes fussent indépendantes du juge et, en 1321, les greffes furent mis à ferme.

Le concile de Latran invita aussi les évêques à ne plus rendre la justice par eux-mêmes, mais à se faire représenter par des vicaires qui furent plus tard appelés officiaux ; les officialités furent ensuite régularisées par Boniface VIII (2). On sait que les juges séculiers imitèrent cet exemple ; seulement, comme ils avaient pris l'habitude de se faire représenter par des clercs et que le privilège clérical empêchait la répression

(1) C. 11. De probationibus, 2, 19.
(2) C. 14, C. 15, X. De officio judicis ordinarii, 1, 31. — C. 2. De officio vicarii, 1, 13, in-6°

des abus et des malversations de ces délégués, Philippe le Bel publia, en 1287, une ordonnance enjoignant aux ducs, comtes, barons, archevêques, évêques, abbés, chapitres, collèges et généralement à tous ceux qui tenaient dans le royaume une juridiction temporelle, d'instituer à l'avenir, pour exercer cette juridiction, des baillis, prévôts et sergents laïques afin que, le cas échéant, on pût sévir contre eux. Plus tard, on proclama le principe que toute justice émane du roi, mais doit être déléguée. L'usage de l'écriture, l'institution des notaires, celle des greffiers, le principe d'une justice déléguée, tout cela nous vient du droit canonique.

Quand on étudie la division des actions, la suite de la procédure, les degrés de juridiction et les voies de recours, on n'est pas moins frappé de l'analogie entre la procédure canonique et la nôtre.

L'influence du droit romain se fait directement sentir dans le système des actions de la procédure canonique. Toutefois comme on voulait ouvrir largement la justice canonique à tous les plaideurs, le nombre des actions n'était pas limité : le droit canonique permettait d'agir, même quand aucune loi n'avait créé d'action (1). Chose curieuse, la procédure canonique emprunte au droit romain la théorie de la *plus petitio* et avec la plupart des effets que Justinien attribue à ce vice de la demande ; c'est probablement dans le but de prévenir les procès téméraires et de rendre les plaideurs prudents. Celui qui demande plus *re* ou *causa* est condamné aux frais, pourvu que le défendeur se soit reconnu débiteur ; en cas de *plus petitio tempore*, le défendeur est absout de l'instance et il obtient un délai double de celui qui restait à courir, mais le demandeur peut d'ailleurs renouveler son action ; *si plus loco petit, ad interesse loci tenetur* (2).

La division la plus importante des actions est celle qui consiste à les distinguer en possessoires ou pétitoires (3). De même qu'en droit romain, ce qui est jugé au possessoire est

(1) C. 2. X. De officio judicis ordinarii, t, 31.
(2) C. un. X. De plus petitionibus, 2, 11. Cpr. c. 15 X. De judiciis, 2. 1.
(3) X. De causa possessionis et proprietatis (lib. 2, tit. 12.)

étranger au pétitoire, et rien ne s'oppose à ce que celui qui a succombé sur la possession agisse au pétitoire (1). D'ailleurs le droit canonique ne connaît pas la prohibition de cumuler le pétitoire et le possessoire qui s'est introduite dans notre ancien droit et a passé dans notre code de procédure. On peut porter à la fois l'action pétitoire et l'action possessoire devant le même juge, pourvu que ce juge soit compétent et que ces deux actions ne se contredisent pas. Ainsi l'action en revendication peut être jointe à celle qui a pour objet de recouvrer la possession, mais non à celle qui a pour objet de la conserver (2). S'agit-il d'acquérir ou de conserver une possession, le droit canonique se borne à reproduire les principes du droit romain (3). Mais pour recouvrer la possession perdue ou même la simple détention, le droit canonique organise le *remedium spolii* (4), moyen plus énergique que les interdits du droit romain et aussi d'une nature différente, dont la création s'explique par la barbarie des temps. La spoliation est tout fait illicite, qui enlève à une personne la possession ou la détention d'une chose mobilière ou immobilière ou la quasi possession d'un droit (5) ou même une autre personne avec laquelle elle a le droit d'habiter (6) ; peu importe que ce fait consiste dans une violence ou dans un dol ou dans tout autre moyen. Celui qui a été ainsi spolié a l'action *spolii* contre l'auteur du fait pour obtenir restitution de la chose ou paiement de sa valeur avec les accessoires, les fruits perçus ou qu'on aurait pu percevoir (7), et même des dommages-intérêts s'il y a lieu. Le demandeur n'est tenu de prouver que le fait de la spoliation : cette preuve faite, il triomphe sans qu'on puisse lui opposer aucune exception, ni l'obliger à faire aucune preuve

(1) C. 7. X. De causa possessionis, 2, 12.

(2) C. 5. X. De causa possesionis, 2. 12,

(3) C. 9. X. de probationibus, 2, 19.

(4) C. reintegranda, 3. Causa 3. qu. 1.

(5) C. 10 X. De officio judicis delegati, 1, 29. — C. 17. X. De restitutione spoliatorum, 2. 13. — C. 6. X. De sepulturis, 3, 28.

(6) C. 7, 15. 18. X. De restitutione spoliatorum, 2, 13.

(7) C. 8. X, De transactionibus. 1, 36. — C. 22 X. De officio judicis delegati, 1, 29. — C. 11 et 16. X. De restitutione spoliatorum, 2, 13.

sur la qualité de sa possession : *spoliatus ante omnia resti-tuendus* (1).

L'action *spolii* est personnelle ; elle ne se donne que contre l'auteur de la spoliation et ses complices ; on la refuse contre le possesseur de bonne foi ; le vice résultant de la spoliation est donc relatif (2). De plus, comme cette action est personnelle, elle est aussi perpétuelle (3). On a dit que ce *remedium spolii* s'était, dans notre ancien droit, combiné avec l'interdit *unde vi* du droit romain pour donner naissance à notre réintégrande. Mais il nous semble que, dans le dernier état du droit, nos anciens juristes avaient, sur ce point, repoussé le droit canonique pour s'en tenir au droit romain ; la réintégrande était une véritable action possessoire, accordée même au possesseur non annal, pour se faire remettre en possession ; elle était refusée, à la différence du *remedium spolii* au simple détenteur (4). On sait qu'aujourd'hui encore de graves controverses s'élèvent, dans la doctrine et dans la jurisprudence, sur la nature et les caractères de la réintégrande.

Le spolié est aussi protégé en droit canonique sous forme d'exception contre le spoliateur. Si celui-ci agit pour une cause quelconque contre lui, par exemple, en paiement d'une dette, le défendeur peut, par l'exception *spolii*, se dispenser de répondre à son adversaire tant qu'il n'a pas été restitué contre la spoliation. Toutefois cette exception ne peut être invoquée que contre le spoliateur lui-même et contre le tiers qui a sciemment reçu la chose du spoliateur (5).

Cette exception protège le spolié même contre le véritable propriétaire de la chose et elle s'applique aussi au droit des

---

(1) C. 2. X. De ordine cognitionum, 2, 10. — C. 1, 2, 5, 6. X. De restitutione spoliatorum, 2, 13. — C. 22. X. De officio judicis delegati, 1, 29.

(2) C. 18. X. De restitutione spoliatorum, 2 13.

(3) Bœhmer, Principa juris canonici, § 692.

(4) Cpr. Denizart, V° Complainte. — Rousseau de Lacombe, V° Complainte. — Jousse, sur le titre 18 de l'ordonnance de 1667. — Pothier, traité de la possession, n° 114 et suivant. — Quant à la complainte, elle supposait une possession d'an et jour et protégeait alors même contre le simple trouble.

(5) C. 18. X. De restitutione spoliatorum, 2, 13.

personnes ; par exemple, la femme peut l'invoquer contre son mari qui l'a chassée de son domicile conjugal ou le mari contre sa femme si celle-ci l'a abandonné sans motifs (1).

Mais on le remarquera, l'effet de l'exception n'est pas d'assurer la restitution : elle n'y conduit que d'une manière indirecte, en paralysant le droit du demandeur tant qu'elle n'a pas été faite.

La théorie des restitutions en entier a aussi passé du droit romain dans le droit canonique (2). Les majeurs de vingt-cinq ans lésés sont restitués en entier pour cause de dol, de violence, d'absence, d'aliénation faite par l'adversaire *judicii mutandi causa*, enfin pour toute autre cause présentant de l'analogie avec l'une des précédentes (3). Les mineurs sont restitués contre tout acte qui leur fait éprouver un préjudice, même s'ils ont une faute à s'imputer (4). Mais le droit canonique étend le bénéfice des mineurs aux églises, monastères et autres corporations ecclésiastiques et il le leur accorde, non seulement contre les laïques, mais même contre d'autres établissements ecclésiastiques (5). Sauf cette dernière particularité, on aura reconnu, dans cette théorie, le germe de nos actions en nullité ou en rescision des articles 1304 et suivants.

Ces exemples suffiront pour montrer à la fois tout le parti que les canonistes ont tiré du droit romain et l'influence du droit canonique sur notre ancienne pratique judiciaire. Ce n'est pas le lieu d'exposer ici la marche d'une affaire suivant la procédure canonique, mais faisant cet exposé pour le droit français, nous aurons le soin de revenir sur la procédure canonique toutes les fois qu'elle sert de source à nos institutions (5).

---

(1) C. 8 et 13, ibid.

(2) X. Lib. 1., tit. 40, 41, 42. De his quæ vi metusque causa fiunt ; De in integrum restitutione : De alienatione judicii mutandii causa facta.

(3) C. 2, 46. X. De his quæ vi metusve causa fiunt, 1, 40.

(4) C. 2, 4, 6. X. De in integrum restitutione, 1, 41.

(5) C. 6, X. De integrum restitutione 1, 41. — C. 11, X. De rebus Ecclesiæ alienandis, 3, 13. — C. 1, 2, 3, 5, 7, X. De in integrum resintitutione. — C. 3 et 5 X. Eod., tit. — C. 1 et 5. De in integr. rest. in 6°.

(6). Il a été composé de nos jours un traité complet de la procédure canonique par Munchen, das canonische Gerichtsverfahren und Strafrecht,

B. LES ORDONNANCES ROYALES.

Il nous faut maintenant montrer quel a été le rôle de nos rois dans le développement de nos anciennes pratiques judiciaires ; ce sont, en effet, des ordonnances royales qui, pénétrées des principes du droit romain ou du droit canonique, ont précisé et régularisé en France la procédure. Les clercs et les hommes de loi s'appuyèrent sur ces ordonnances pour miner la procédure féodale, mais ce fut très lentement que les fonctionnaires royaux de l'Ile-de-France parvinrent à introduire dans les justices seigneuriales, soit du consentement du seigneur, soit par la force ou par la ruse, les nouvelles formes de juger les procès. La procédure féodale opposait une remarquable force de résistance ; on ne pouvait l'arracher que par morceaux.

Ce sont les ordonnances de saint Louis qui ont commencé cette révolution de plusieurs siècles ; elles ont ruiné les formes barbares de la féodalité en supprimant le combat judiciaire et d'autres pratiques non moins cruelles ou féroces. Mais le rôle de saint Louis fut plus négatif que positif. Ce prince abrogea une partie de l'ancienne procédure, mais n'en établit pas une nouvelle ; cela tient surtout à ce qu'il ne voulait pas, comme nous l'avons déjà vu, emprunter aux justices d'Eglise leur procédure. Mais bientôt l'œuvre des rois de France, assistés du parlement, fut reprise et continuée par Philippe le Bel et par Philippe le Long. Les ordonnances royales sont fort nombreuses pendant la première moitié du xive siècle. Sous Philippe le Bel : ordonnances de 1291 et de 1303 (1), ordonnances de 1302, 1309, 1313 pour le Châtelet (2) toute une série d'ordonnances sur les juridictions royales établies en province (3). Les ordonnances de Philippe le Long sont aussi nombreuses et aussi remarquables : d'abord les ordonnances de 1316 et de 1317 pour le Châtelet

2e éd. Cologne, 1814, in 8°. — En France, Fournier a donné un résumé de cette procédure dans son traité des officialités au moyen âge.

(1) Recueil des ordonnances du Louvre, 1,320.

(2) I, 352, 467, 517.

(3) I, 392, 334, 397, 402, 406, 451, 144.

de Paris (1) ; ensuite trois ordonnances de 1320, l'une sur la procédure de parlement, une autre sur les enquêtes, la dernière sur les requêtes (2). Grâce à la réunion de plusieurs provinces du domaine du roi, la procédure des ordonnances royales s'applique non seulement au nord et au centre, mais encore au midi de la France ; les éléments romain, canonique et coutumier sont en pleine fusion et ne tarderont pas à former une procédure vraiment nationale. Les rois continuent avec persistance l'œuvre commencée : en 1344, une ordonnance sur la procédure du parlement de Paris (3) ; en 1363, une autre ordonnance sur le même objet (4) ; en 1364, ordonnance sur la procédure du parlement, les requêtes et l'ordre des avocats (5); en 1366, ordonnance sur la procédure des affaires portées en première instance devant le parlement (6) ; en 1367, ordonnance sur différentes questions relatives à la procédure en Dauphiné (7) ; dans la même année, ordonnance sur la procédure du Châtelet (8) ; en 1404, ordonnance sur la procédure par articles et sur les frais (9) ; en 1409, ordonnance pour le Dauphiné (10).

Mais toutes ces ordonnances n'avaient pour objet que de régler certains points de détail ou de poser des principes isolés ; les rois n'avaient pas encore essayé une sorte de codification de la procédure. Les éléments de cette codification commençaient cependant à être réunis ; aussi allons-nous entrer dans l'ère des ordonnances générales. L'ordonnance de 1446 formait déjà une sorte de code de procédure (11). Cette ordonnance fut bientôt suivie de celle de Montil-les-Tours (1453) (12) qui dans ses 125 articles

(1) I, 632, 647, 653, 738.
(2) I, 727, 730, 731,
(3) II, 210.
(4) III, 649.
(5) IV, 511.
(6) Fontanon, I, 552.
(7) V, 34.
(8) VII, 705,
(9) Fontanon, I, 567
(10) IX, 447.
(11) XIII, 471.
(12) XIV, 284.

embrasse, elle aussi, presque toutes les questions touchant à la pratique judiciaire : parlement, procédure du parlement, avocats et procureurs, actions possessoires, principes d'organisation judiciaire. Toutes ces questions sont réglées sans ordre et sans méthode, mais cette ordonnance laisse entrevoir l'intention de ramener la procédure à des principes précis et uniformes. Bientôt les États généraux se plaignirent des abus que les lacunes de la procédure laissaient introduire dans presque toutes les cours de justice, et les rois s'empressèrent de leur donner satisfaction. A la suite des États généraux de Tours, Charles VIII rendit l'ordonnance de 1483 (1) qui fut bientôt suivie de celle de 1493. De même, sous Louis XII, les États généraux de Blois provoquèrent l'ordonnance de Blois (1498) (2). Cette ordonnance fut suivie de plusieurs autres, mais qui étaient toutes spéciales à certains parlements (3). Sous François 1er de nombreuses ordonnances furent encore rendues sur la procédure, les unes spéciales à certains parlements, les autres générales et applicables à toute la France : ordonnance de 1528 sur la procédure au parlement (4) ; ordonnance de 1532 sur les enquêtes (5) ; ordonnance de 1535 pour la Provence (6) ; ordonnance de 1538 pour la Bretagne (7). Mais les ordonnances générales les plus remarquables sont l'édit de Crémieu de 1536 pour les juridictions inférieures (8) et l'ordonnance de Villers-Cotterets de 1539 (9), Il fut encore rendu d'autres ordonnances importantes dans le courant du xvie siècle dans le but de rapprocher la justice des plaideurs, de diminuer les frais et les lenteurs de la procédure : ordonnances de Villers-Cotteret de 1543 et de 1549 ; l'important

---

(1) Recueil d'Isambert, XI, 49 à 64.
(2) Recueil d'Isambert, XI, 214.
(3) Recueil d'Isambert, XI, 323.
(4) Ordonnance de 1507 pour la Normandie (Recueil d'Isambert, XI 464), ordonnance de 1510 pour la Bretagne, ordonnance de 1501 pour le parlement de Provence Fontenon, I, 107.
(5) Recueil d'Isambert, XII, 307.
(6) Recueil d'Isambert, XII, 416.
(7) Recueil d'Isambert, XII, 513.
(8) Recueil d'Isambert, XII, 504.
(9) Recueil d'Isambert, XII, 600.

édit des présidiaux de 1551 ; l'ordonnance d'Orléans de 1560 ;
l'édit de Roussillon de 1563, suivi d'une déclaration complé-
mentaire de 1564 ; la fameuse ordonnance de Moulins de
1566 et enfin celle de Blois de 1579. Fort souvent ces ordonnances se reproduisent les unes les autres et il n'est nécessaire de revenir sur des lois déjà faites qu'à cause de la
persistance des abus. Cette impuissance de la royauté à
réprimer les fraudes tenait à plusieurs causes : les gens avi-
des de gain à tout prix embrassaient avec fureur la profession de procureur ; leur nombre était devenu si considérable
qu'à un certain moment les ordonnances furent obligées de
réglementer la profession de procureur et de fixer leur nombre auprès de chaque parlement. Cette profession était si
peu considérée qu'elle dérogeait à la noblesse, était incompa-
tible avec la profession d'avocat et interdite aux ecclésiastiques. Tout en essayant de remédier aux abus de la procédure les rois étaient trop souvent les complices de ces abus ;
car à côté du désir d'abréger les procès, ils avaient celui de
tirer de la justice de grands profits pour le trésor royal et
pendant quatre siècles l'avidité du fisc, la vénalité des offices
de judicature et des charges de justice contribuèrent à l'abaissement de la justice.

C'est sous le règne de Louis XIV que fut dit le dernier mot
sur les réformes de la procédure. Pendant que les rois
avaient rendu, durant les siècles précédents, des séries d'ordonnances trop souvent mal observées, le droit civil avait,
lui aussi marché à grands pas ; la rédaction ou la révision des
coutumes était achevée et le droit privé avait pris plus
de fixité. Auparavant, la procédure avait été mieux réglée
que le droit civil et le droit féodal, précisément parce qu'elle
était constatée par écrit et consacrée par des ordonnances.
Il n'y avait jamais eu, dans les pratiques des parlements, autant de différences que dans les coutumes, mais cependant on
n'était pas parvenu à une unité parfaite. Il appartenait au
grand roi qui a donné à la France l'unité dans la plupart
des branches du droit, par ses belles ordonnances, véritables
codes de lois, de doter la France d'une procédure définitive
et absolument uniforme. Cette réforme fut provoquée par
Colbert. Un projet d'ordonnance générale sur la procédure

fut rédigé au sein du Conseil d'État et ensuite soumis à des conférences présidées par Lamoignon et composées des magistrats les plus célèbres du Grand Conseil et du parlement de Paris. Ces conférences commencèrent le 26 janvier 1667 et au mois d'avril suivant parut cette grande ordonnance de 1667. Le grand siècle la compte à juste titre au nombre de ses gloires. C'est un véritable chef-d'œuvre si on la compare aux lois antérieures. Elle eut le soin de mettre de côté tout ce qui touche à l'organisation judiciaire et à la compétence pour se limiter exclusivement à la procédure. Pour la première fois, les lois de la procédure étaient réunies dans un ordre méthodique et formaient un tout homogène ; pas une règle inutile n'avait été omise dans la loi. En un nombre limité d'articles, sous une forme vraiment magistrale, avec un esprit pratique au plus haut degré, elle organisa la procédure depuis le premier acte qui ouvre l'instance jusqu'à la fin du procès. Cette ordonnance fut obligatoire pour toutes les juridictions du royaume, même pour les officialités. De ce jour, la France a possédé son code de procédure. L'œuvre des rédacteurs du code actuel est loin d'avoir la valeur de l'ordonnance de Louis XIV. Le législateur du commencement de ce siècle s'est borné à reproduire l'ordonnance du grand roi ; il l'a suivie beaucoup trop servilement, oubliant de tenir compte des immenses changements qui s'étaient accomplis.

L'ordonnance de 1667 fut bientôt suivie de celle de 1669 sur les évocations et les *committimus*, de l'édit de 1673 sur les frais et enfin de l'ordonnance de 1695 sur la compétence et la procédure des tribunaux ecclésiastiques. Sous Louis XV les grandes réformes ayant repris leur cours, on compléta l'ordonnance de 1667 par celle de 1737 sur le faux, qui est l'œuvre du chancelier d'Aguesseau.

C. LES JURISCONSULTES.

Les jurisconsultes ont aussi joué un grand rôle dans le développement de notre ancienne procédure. Dès ses débuts, celle-ci est exposée, d'une manière magistrale, pour l'époque de saint Louis, par Pierre de Fontaines et Beaumanoir.

On peut aussi citer la *Somme rurale* de Bouteiller, dont le mérite a été, toutefois, à notre avis, beaucoup exagéré. Nous ne reviendrons pas sur l'œuvre de Guillaume Durand dont il a été déjà question.

C'est au milieu du quatorzième siècle que parut l'ouvrage le plus remarquable de la procédure, le *Stylus Parlamenti* de Dubreuil. Jusqu'alors les pratiques judiciaires et la procédure avaient été exposées dans des ouvrages incomplets ou consacrés encore à d'autres matières. Dubreuil le premier composa un traité complet sur la procédure et c'est son *Stylus Parlamenti* qui a servi de type aux écrits postérieurs. Dubreuil est le seul jurisconsulte du moyen âge, non seulement en France, mais même dans toute l'Europe, qui ait considéré et étudié la procédure en soi et pour elle-même. Il ne se borne pas au rôle d'interprète ; il signale les lacunes, indique comment il faut les combler et en un mot prévoit tout, à ce point que son traité pourrait être considéré comme un véritable code de procédure auquel il n'a manqué que la sanction royale. Les autres styles de la même époque et des siècles suivants sont des œuvres de pure pratique, sans aucune conception scientifique,

L'œuvre large et complète de Dubreuil est restée longtemps sans trouver de continuateur. Les jurisconsultes, attirés par la logique du droit romain on par l'originalité de certaines coutumes, négligeaient la procédure et ceux qui daignaient s'en occuper s'attachaient plus spécialement à la procédure criminelle qui ne se distinguait pas alors de la procédure civile. Il faut arriver à Lange et à Masuer (1) pour citer des ouvrages plus sérieux que tous ces anciens styles, soit généraux, soit propres à la procédure de certaines juridictions. Masuer a écrit une *Practica forensis* et Lange est l'auteur d'une « *Nouvelle Pratique civile, criminelle et bénéficiale* » plusieurs fois rééditée au dix-septième siècle. Cet ouvrage n'a été ensuite dépassé que par la Pratique judiciaire d'Imbert qui fut, au seizième siècle, d'abord avocat à Fonte-

---

(1) Ce praticien vivait au commencement du quinzième siècle et non au seizième, comme l'a écrit M. Dupin, car il dit lui-même qu'il était neveu de Pierre Masuer, professeur à Orléans, mort en 1391. (Lettres sur la profession d'avocat, t. I, p. 65).

nay-le-Comte, en Poitou et ensuite, en 1538, lieutenant criminel à La Rochelle et qui a encore écrit un Manuel de droit civil (1). Les travaux d'Imbert nous font bien connaître le droit et la procédure tels qu'ils existaient en France à la suite des ordonnances de François Ier. Imbert s'est inspiré de la pratique de Masuer, mais son œuvre est beaucoup plus large et plus scientifique. Il a aussi subi l'influence d'un jurisconsulte hollandais, aujourd'hui à peu près inconnu en France et qui cependant a joué un rôle important au seizième siècle, même chez nous, pour le développement de la pratique judiciaire ; nous voulons parler de Damhoudère. Les ouvrages de ce jurisconsulte, écrits en latin, traduits en français, ont été très répandus en France au seizième siècle et ont peut-être dû une partie de leur popularité chez nous, aux images de procédure qui enrichissent la plupart des éditions (2). En comparant l'œuvre de Damhoudère et celle d'Imbert, il est facile de se rendre compte de l'influence que l'une a exercée sur l'autre.

La pratique judiciaire d'Imbert se divise en quatre livres qui embrassent toutes les parties de la procédure, tant celles de la procédure criminelle que celles de la procédure civile. La précision des formules, la logique des déductions, la sûreté des doctrines de la pratique d'Imbert nous expliquent son influence considérable et immédiate sur le développement scientifique ou pratique de la procédure ; on peut dire qu'elle a, dans une certaine mesure, préparé l'ordonnance de Louis XIV (3). Une fois l'ordonnance de Louis XIV promulguée, l'œuvre

(1) Imbert, *Institutiones forenses Galliæ pene totius quæ moribus reguntur communes*, libri IV. Lugdun. 1552, 1606, 1612. — *Inchiridion juris. scripti moribus et consuetudine frequeuntiore Galliæ usitati et brogati*. Lugdun, 1556.

(2) L'ouvrage capital de Damhoudère est intitulé : *Praxis rerum civilium* (Antverpiæ, 1569) — Practique judiciaire des causes civiles, très utile et nécessaire à tous baillifs, prévots, chastelains, sénéchaux, etc., orné de 13 figures dans le texte, Anvers 1772. — Du même, Le refuge et garand des pupilles, orphelins et prodigues, traité fort utile et nécessaire à tous légistes, praticiens, justiciers et officiers, orné de figures convenables à la matière.

(3) On peut encore citer la pratique de Lizet (Pratique de procéder à l'instruction des causes criminelles et civiles, Lyon, 1577). Charondas le Caron en a donné une édition en 1603 et Bernard en 1668.

des jurisconsultes était bien simplifiée : il ne s'agissait plus que d'en écrire le commentaire. C'est ce qu'entreprirent Jousse (1), Bornier (2), Boutaric (3), Serpillon (4), Rodier (5) et Pothier. Le dernier ouvrage qui ait paru est celui de Pigeau (6). On peut aussi citer le Praticien universel de Conchot, revu par Rousseau de Lacombes (1723) et il n'est pas permis d'oublier le remarquable commentaire de Serpillon sur l'ordonnance relative au faux, de 1737.

§ 4. — La procédure française à l'époque féodale et sa transformation

A. *Caractères.* — Le principal élément de notre ancienne procédure fut, à l'origine, germanique et féodal à la fois ; on en constate l'existence dans toutes les justices laïques, aussi bien dans celles du roi que dans celles des seigneurs, des habitants des villes ou des vilains. Nous avons exposé ailleurs cette ancienne procédure avec Glanville, Bracton, Britton, car à cette époque, il n'y avait pas, sous ce rapport, de différences sensibles entre la jurisprudence anglaise et la jurisprudence française. Nous l'avons établi en rapprochant les écrits de ces juristes anglo-normands de ceux qui ont paru à peu près à la même époque en France. Cette procédure des temps féodaux s'est conservée avec une grande pureté en Angleterre, tandis qu'en France elle s'est rapidement altérée sous la double influence du droit canonique et de l'autorité royale. Un des traits caractéristiques de cette procédure, c'est son formalisme exagéré. On a, de nos jours, montré jusqu'à l'évidence que l'ancien esprit germanique s'attachait à entourer de formes la

(1) Nouveau commentaire sur l'ordonnance civile de 1667. Paris, 1667. 2 vol. in 12.

(2) Conférences des nouvelles ordonnances de Louis XIV pour la réformation de la justice. La 2e édition est de Paris, 1760, 2 vol. in-4°.

(3) Explication des ordonnances de Louis XIV sur les matières civiles et criminelles. Toulouse, 1743. 3 vol. in-4°.

(4) Code civil ou commentaire sur l'ordonnance de 1667 ; Paris. 1776, in-4°.

(5) Questions sur l'ordonnance de 1667, Paris, 1777, in-4°.

(6) La procédure civile du Chatelet et de toutes les juridictions du royaume, Paris, 1787, 2 vol. in-4°.

manifestation du droit, d'en rendre saisissable l'idée abstraite. Aussi ne faut-il pas s'étonner qu'en Allemagne la procédure ait offert, à notre époque, la même physionomie, puisque ce pays est le berceau du germanisme (1). On disait en Allemagne : *Ein Mann, ein Wort* ; en France :

> Parole une fois volée
> Ne peut plus être rapelée (2).

« Puis que la parole est issue du corps, elle n'y peut jamais entrer (3). »

Les jurisconsultes répétaient à l'envi que la parole prononcée en justice ne pouvait pas être rétractée (4). Les formes n'étaient pas moins précises et sévères : l'acte entaché d'un vice de forme n'était pas valable et cependant sans produire effet au profit de la partie, il continuait à exister, de sorte que le plaideur ne pouvait pas couvrir sa faute en le renouvelant.

Depuis les Carolingiens jusqu'au treizième siècle, il avait été admis sans conteste que la procédure devait être publique et orale devant toutes les juridictions, devant la *curia regis*, devant la cour du comte, devant les justices seigneuriales comme devant les justices royales territoriales (5), devant les justices municipales. Dans toute la France, les débats étaient oraux et publics, au Midi comme au Nord. Catel dans ses mémoires sur l'histoire du Languedoc (p. 640), nous rapporte une procédure devant le comte Roger de Carcas-

---

(1) On pourra consulter avec fruit, sur l'ancienne procédure allemande, les travaux de Siegel qui ont paru dans les vol. 42 et 51 des comptes-rendus des séances de l'Académie impériale des sciences de Vienne. (Die Erholung und Wandelung im gerichtlichen Verfahren. — Die Gefahr vor Gericht und im Rechtsgang.)

(2) Le roman de la Rose, par Guillaume de Lorris et Jean de Meun Amsterdam, 1735), v. 17416. Cpr. Leroux de Lincy, II, 279.

(3) Proverb. gall., dans Leroux de Lincy, *ibid.*

(4) Jean d'Ibelin, ch. 11 et 27, Cour des Bourgeois, ch. 133. — De Fontaines, XII, 8. — Beaumanoir, V, 5. — Jean Demares, Décisions, § 412.— On trouvera de grands détails sur ces questions dans le travail de Brunner sur « La parole et la forme dans l'ancienne procédure française. » (Comptes-rendus des séances de l'Académie impériale des sciences de Vienne, vol. 77, p. 655).

(5) Bouquet, X, 594, 612. — Du Cange, sur Joinville, 2e dissertation. — Anciens usages d'Artois, 3, 9, 19, 20.

sonne en 1191. Cette procédure fut constatée, par acte notarié, où il est dit que la sentence a été rendue en public et proclamée dans toute la ville. Même en Orient, dans les basses comme dans les hautes justices, l'instruction était orale et publique. Il est vrai que l'Abrégé de la cour des bourgeois (1) porte que le vicomte est tenu, sous serment, de garder les « secrets de la cour, » mais cette obligation ne prouve nullement que la procédure avait lieu à huis clos. Même dans les justices patrimoniales de l'Église et des seigneurs, la procédure était aussi orale et publique.

On peut fixer à l'époque de saint Louis le moment où ces caractères et ces formes de la procédure ont commencé à s'altérer.

Saint Louis ne voulut pas adopter la procédure ecclésiastique dans ses tribunaux au moment même où il attaquait les juridictions d'église ; aussi créa-t-il une procédure spéciale. Mais cette procédure offrait encore des dangers ; elle n'avait pas supprimé toute subtilité et, d'un autre côté, elle ne comportait pas une application générale. La fameuse ordonnance de 1260 qui supprima le combat judiciaire, introduisait la preuve par enquête, instituait des serments de calomnie, ne s'appliquait que dans les pays d'obéissance et même là elle y était restreinte aux tribunaux des baillis et prévôts ; elle restait étrangère aux cours féodales où, suivant les principes de la féodalité, rien ne pouvait être changé sans l'accord du seigneur et du vassal (2). Or ces innovations de l'ordonnance étaient de nature à diminuer, pour le justicier vassal du roi, les produits de son fief.

Il y eut ainsi deux procédures différentes, l'ancienne procédure féodale et celle de l'ordonnance de 1260, observées toutes deux à la fois dans des tribunaux différents. C'est à la longue seulement que la première finit par disparaître des cours féodales sous l'influence de la royauté.

Bien différents étaient les caractères de cette procédure française avant sa transformation, sous l'influence du droit canonique, de ce qu'ils devinrent dans la suite. Nous avons

(1) 1re partie, ch. 3.
(2) Établissements de saint Louis, liv. I, ch. 24.

vu que depuis les Carolingiens jusqu'au XIII° siècle on avait admis, sans conteste, le système d'une procédure orale et publique. Ce furent les justices d'église qui, les premières, introduisirent la procédure par écrit et en secret ; des officialités cette pratique se transmit aux justices patrimoniales de l'Église. Dans les justices laïques, l'instruction publique et orale ne disparut pas d'ailleurs tout d'un coup en entier : c'est insensiblement que l'écriture et le huis-clos la remplacèrent. Ces innovations furent admises d'abord dans certaines parties de la procédure, notamment pour les enquêtes (1). On gagnait beaucoup de temps à faire entendre les témoins devant un seul juge et en secret, au lieu de les obliger à comparaître devant la cour. Peu à peu le secret gagna du terrain dans la pratique, sans jamais être consacré par les ordonnances ; mais il ne devint pas absolu et complet. Il y eut toujours, en matière civile, des plaidoiries publiques, et c'est en public aussi que les jugements ont toujours été rendus. Au criminel, la clandestinité est au contraire devenue une règle absolue que la révolution de 1789 seule a eu la force de faire disparaître.

Une procédure publique est presque nécessairement orale, tandis qu'une procédure secrète se fait à peu près forcément par écrit. Aussi avec le secret de certaines parties de la procédure, s'introduisit l'usage des écritures destinées à constater les instructions et les jugements. Auparavant, on s'était dispensé de tenir des écritures et on confiait les sentences, comme les instructions, à la mémoire des assesseurs de la Cour « en leur cueurs », comme dit Beaumanoir (2), c'est-à-dire par cœur. Si, plus tard, les parties ne pouvaient s'entendre sur le sens d'un jugement rendu entre elles (discors), les assesseurs de la Cour donnaient un record et ce qu'ils constataient par leurs souvenirs était considéré comme authentiquement prouvé ; aucune voie de recours n'était accordée contre le record. Il va sans dire que le record ne pouvait émaner que de pairs ayant pris part au jugement (3). Nous avons constaté l'existence du même système en Angle-

(1) Statuta Arelatis, art. 117.
(2) VI, 15.
(3) Marnier, Etablissements et coutumes de Normandie, p. 23. — De Fontaines, XXI, 25, 43. — Beaumanoir, XXXIX, 6.

terre. Il est facile de comprendre combien il était défectueux et on ne voit pas comment les parties pouvaient sortir d'embarras lorsque les juges étaient morts. Aussi les clercs prirent, de bonne heure, l'habitude de coucher les instructions et les jugements par écrit; mais ces écritures étaient d'un caractère purement privé. Les clercs les tenaient soit spontanément, soit à la demande des parties ou du juge (1); elles ne faisaient pas preuve par elles-mêmes et servaient seulement à rafraîchir la mémoire des juges. C'est en Orient, dans la cour des bourgeois, qu'on rencontre, pour la première fois, l'usage de records écrits tenus sur l'ordre de la cour elle-même et présentant un caractère authentique (2). En France, les plus anciens registres officiels de justice ont été dressés dans le Sud, mais ils n'ont pas tardé à exister aussi dans les autres provinces. On tint des registres, *rotuli*, *rolles*, non seulement dans la cour du roi et dans les autres justices royales (3), mais même dans les cours des seigneurs, et les assesseurs qui en étaient chargés prêtaient serment de les tenir régulièrement (4). Désormais, la conservation des procédures et des jugements était assurée, mais ce n'était pas encore là un emprunt au droit canonique; on se contentait de faire revivre ou d'établir un usage pratiqué sous les Carolingiens. Toutefois, les clercs chargés de tenir les procédures et les jugements par écrit profitèrent de ce changement pour tenter davantage et substituer une instruction écrite à une instruction verbale constatée par écrit. Beaumanoir nous apprend comment cette évolution s'est accomplie. Dans les tribunaux ecclésiastiques, on employait la procédure par écrit dès que l'intérêt du procès dépassait vingt ou quarante sous; ce n'étaient pas seulement les actes de l'instruction et des juges qui étaient écrits : les parties agissaient ou se défendaient aussi sous cette forme. Le demandeur devait intenter son action par écrit, et le défendeur faisait valoir ses moyens de la même manière; les dépositions des témoins, tous les actes de la

(1) Jean d'Ibelin, ch. 51.

(2) Abrégé des assises de la cour des bourgeois, 1re partie. ch. 16 et 19.

(3) Olim, I, 414.

(4) Marnier, Coutumes notoires, p. V

procédure en un mot (errements) étaient consignés par
écrit (1). La suppression du combat judiciaire favorisa singulièrement l'introduction de ce nouveau système. Désormais,
en cour laïque, les deux parties avaient-elles comparu en
justice et fait connaître l'une son action, l'autre sa défense,
il fallait ensuite préciser la preuve à établir. A cet effet, chaque plaideur faisait mentionner par écrit les points ou articles qu'il prétendait prouver, et il donnait copie de cet acte à
son adversaire. Ces écrits s'appelaient *rubricæ* ou *rebrices* (2).
A la suite de l'échange de ces *rubricæ*, on réunissait les articles qui paraissaient pertinents et contestés ; c'était ce qu'on
appelait *concordare articulos*. Tels furent les premiers actes
écrits dans la procédure française du moyen âge. A la fin du
XIII° siècle, l'usage s'introduisit ou se généralisa d'intenter
son action par un écrit appelé *libellus* (3). Mais, à l'époque où
fut composé le *Stylus parlamenti* de Dubreuil, la rédaction d'un
libelle écrit n'était encore imposée que dans les actions réelles
et pour quelques actions personnelles, probablement celles
où l'objet en litige dépassait une certaine valeur (4). Une fois
que le demandeur fut obligé de rédiger un écrit pour intenter
son action, on fut tout naturellement amené à soumettre le
défendeur à la même formalité pour ses défenses. Ainsi s'introduisit le système des écritures, non seulement en première
instance, mais encore dans toutes les autres, et on ne tarda
même pas à en abuser malgré les protestations de certains
coutumiers et les mesures répressives des ordonnances
royales.

B. *Procédure dégagée d'incidents.* — Toute procédure s'ouvrait par l'appel du défendeur en justice, la *semonce :* on disait aussi *atermer* ou *ajourner* et, dans la suite, c'est cette dernière expression qui a seule été usitée. La forme de l'ajournement dépendait de l'état et de la qualité du défendeur (5). Les

(1) Beaumanoir, VI, 15.
(2) Beaumanoir, *ibid.*
(3) Olim, II, 321.
(4) Stylus parlamenti, XVII, XIX.
(5) Jean d'Ibelin, ch. 30. — Assises romaines, ch. 195. — Grand,
coutumier de Normandie, ch. 61. — Etablissements de saint Louis, I, 2
66, 68, 70, 92, 119, II, 10, 26. — Britton, ch. 74.

vassaux libres ne pouvaient être assignés que par leurs pairs ; c'est pourquoi le demandeur devait commencer par se rendre auprès du seigneur pour qu'il lui indiquât le nombre de pairs nécessaires avec lesquels il devait se rendre auprès du défendeur. Un seigneur intentait-il une action contre son propre vassal, il l'assignait par l'intermédiaire de son sergent (1). Les vilains et les roturiers étaient appelés par simple sergent (2). La semonce se bornait d'ailleurs à appeler le défendeur en justice ; le demandeur n'était pas tenu de lui faire connaître sa prétention, si ce n'est en matière immobilière et dans les affaires personnelles les plus graves (3). Les sergents ou les pairs chargés d'ajourner, devaient se rendre en personne auprès du défendeur et lui indiquer un jour pour comparaître ; ils pouvaient d'ailleurs instrumenter en dehors de leur ressort (4). D'après un ancien usage, le délai se comptait par nuits (5) et variait suivant la qualité du défendeur. Un noble obtenait ordinairement un délai de huit ou quatorze jours, tandis que le vilain pouvait être assigné du jour au lendemain (6). Quand une personne recevait à la fois assignation devant différentes cours, elle devait répondre, avant tout, à l'assignation de celui des demandeurs qui avait la plus haute qualité : ainsi la semonce lancée par un haut seigneur passait avant celle d'un seigneur inférieur ; pendant longtemps les juridictions ecclésiastiques soutinrent qu'elles avaient la prééminence sur les autres et qu'il fallait comparaître en premier lieu devant elles. Le plus souvent on évitait toute difficulté en se faisant représenter par un mandataire, là où on ne venait pas en personne (7).

Jusqu'au quatorzième siècle, les deux parties sont tenues de comparaître en personne, très exceptionnellement par

---

(1) Beaumanoir, II, 12. — Marnier, Etablissements et Coutumes de Normandie, p. 93.

(2) Etablissements de saint Louis, I, 1.

(3) Beaumanoir, II, 2.

(4) Anciens usages d'Artois, I, 3.

(5) Voy. Pithœus, Gloss., V° Noctes.

(6) Grand Coutumier de Normandie, ch. 61. — Ancienne coutume d'Anjou, I. — Boutellier, liv. I, tit. 3.

(7) Marnier, Établissements et coutumes de Normandie, p. 32, 122. — Grand Coutumier de Normandie, ch. 46. — Beaumanoir, II, 36. — Anciens usages d'Artois, III, 18.

mandataire devant la justice : c'est ce que l'on appelle la *présentation*.

A la suite des présentations, on arrive immédiatement à la demande et à la réponse. La demande est l'exposé de la prétention avec offre de la preuve à l'appui. Elle doit être faite suivant les formes solennelles prescrites par la loi, à peine de nullité (1). Le simple exposé du fait ne suffit donc pas pour la régularité de l'action : le demandeur doit encore se déclarer prêt à faire la preuve pour le cas où le défendeur nierait le fait. D'après le *Livre de jostice et de plet*, la demande devait dans la règle se terminer ainsi : « S'il le conoist, biau m'en est ; s'il le nie, je sui prez dou mostrer et de l'averer (2). » A l'époque du duel judiciaire, le demandeur offre la preuve par le combat (3). Dans les autres cas, il suffisait de déclarer qu'on ferait sa preuve et on s'en remettait, pour le moyen, à la décision de la cour. Le droit normand voulait que, dans certains cas, le demandeur se présentât accompagné d'un témoin et celui-ci, après l'énoncé de la prétention par le demandeur, prenait la parole pour affirmer l'exactitude du fait (4). Les formules prononcées par le témoin sont aussi rigoureuses que celles du demandeur. Toute irrégularité ou omission entraîne nullité si le défendeur la réclame et l'action est à tout jamais perdue pour le demandeur (5). Nous avons ailleurs constaté le même formalisme dans le droit anglais qui le tenait de la Normandie (6).

La réponse du défendeur est soumise au même formalisme rigoureux. Il doit sous peine de déchéance répondre mot pour mot à la prétention du demandeur (7). Cette nécessité de con-

(1) Stylus parlamenti, ch. 5. — Ordonnance de 1363, art. 4. — Boutellier, liv. I, tit. 6.
(2) Li Livre de jostice et de plet, XIX, 3, § 1 ; 8, § 1 ; 10, § 2 ; 14, § 2 24, § 4.
(3) Li Livre de jostice et de plet, XIX, 10, § 2 et 3 ; 22, § 4.
(4) Summa de legibus Normanniæ, II, 18, § 4 et 5 ; 19, § 6 ; 63, § 9.
(5) Voy. les textes cités à la note précédente. Ajoutez : Summa de legibus Normanniæ, I, 64-85. Olim, I, 470, n° 56.
(6) Bracton, fol. 139 b. — Voy. aussi Abrégé de la cour des Bourgeois, 2e part. ch. 26.
(7) Statuta et consuetudines Normanniæ, dans Warnkœnig, app. II, 43. — Delisle, Recueil de jugements, 29, n° 113.

tredire mot pour mot était d'autant plus dangereuse, que la réponse devait suivre sans délai la demande. Aussi en s'est départi de bonne heure de cette rigueur et l'on admit, au profit du défendeur, deux réponses distinctes, la première immédiate et affranchie de toute forme, la seconde délibérée avec les conseils et soumise aux rigueurs du droit strict (1). On alla même encore plus loin et au lieu d'être tenu de prendre mot pour mot le contre-pied de la demande, le défendeur fut autorisé à employer une formule générale et vague dans laquelle il se bornait à dire : Je contredis mot pour mot ce que le demandeur a avancé (2). Dans le droit anglais le formalisme était aussi rigoureux que dans notre procédure féodale. Glanville et Bracton parlent aussi d'une réponse *de verbo in verbum ;* mais ensuite Britton se départit de cette rigueur et nous dit que pour le défendeur il suffira « qe il defende les motz de la felonie en gros » (3).

On admit que la défense pourrait être rédigée par écrit comme l'action, mais cette forme était purement facultative.

Une fois que les deux parties avaient ainsi lié le procès contradictoirement, alors s'engageait la procédure féodale avec ses incidents et en particulier son instruction par le combat judiciaire. Du jour où la procédure du combat judiciaire fut ensuite remplacée par des formes plus logiques et plus rationnelles, les procès exigèrent plus de temps et de lenteur et cependant, toutes les fois qu'il y avait urgence, il fallait bien supprimer des formalités et trouver un chemin plus court pour arriver au jugement. Déjà Beaumanoir (4) s'était plaint de ce que *les petites quereles* étaient soumises à une procédure aussi longue que les affaires im-

---

(1) Olim, I, 737, no 31. — Summa de legibus Normanniæ, II, 8, § 4 ; XVIII, § 6 et 7.

(2) Marnier, Établissements et coutumes de Normandie, XLV, de Response. — On trouvera de grands détails sur ce point dans l'article déjà cité de Brunner sur la parole et la forme dans l'ancienne procédure française. En ce qui concerne l'ancienne procédure allemande, voy. Siegel Geschichte des deutschen Gerichtsverfahrens, I, 226 et suiv.

(3) Glanville, lib. II, cap. 3, § 3. — Bracton, fol. 138 b. — Fleta, 34 — Britton, I, 101.

(4) VII, 17.

portantes et les Établissements de St Louis (1) nous montrent l'usage d'une procédure sommaire devant la juridiction du prévôt. L'assignation était donnée à bref délai ; la demande et la défense devaient être rapidement instruites ; le jugement pouvait-il être de suite rendu, on l'exécutait immédiatement ; la preuve n'était-elle pas suffisamment faite, au lieu d'engager de longues procédures, on pouvait s'en rapporter au serment de l'une des parties ; s'il fallait entendre des témoins, on procédait à leur audition à bref délai et le jugement était rendu immédiatement après ; une partie n'était admise à attaquer ce jugement qu'après l'avoir provisoirement exécuté. Cette procédure rapide pouvait également être employée, s'il y avait lieu, par les juridictions supérieures. Mais les particularités de cette procédure et les causes qui s'y trouvaient soumises étaient entièrement abandonnées à la pratique. Les ordonnances royales ne contiennent aucune disposition sur ces matières sommaires, avant le seizième siècle. La procédure ordinaire était beaucoup plus longue, surtout à cause des incidents qu'on y rencontrait.

C. *Incidents.* — Nous avons vu qu'au jour fixé, les parties devaient, comme dans l'ancien droit germanique, se présenter en personne devant la cour pour lier l'instance par des formules solennelles en demande et en réponse. Mais en pratique ce jour était fort souvent prorogé, soit qu'une partie déclarât qu'elle ne viendrait pas (contremands) soit qu'elle justifiât par écrit d'un empêchement de comparaître (exoines).

On dit de celui qui a le droit d'invoquer une excuse de ce genre qu'il peut se *essoniare ;* la personne chargée pour lui de présenter cette excuse s'appelle *essoniator* (2) et si elle se trouve elle-même empêchée, rien ne s'oppose à ce qu'elle se fasse à son tour remplacer par une autre personne ; celle-ci prend alors le nom de *secundus essoniator* par opposition au *principalis* (3). Cette théorie jouait un grand rôle dans la procédure du moyen âge, en France comme en Angleterre, à cause des troubles de l'époque, de la difficulté des communi-

---

(1) II, 1.
(2) Dans certains textes l'*essoniator* s'appelle *testator* (Form. Lindenbrog, c. 168) ; dans d'autres il porte le nom de *missus* (Form. Andegavenses, 12).
(3) Glanville, lib. I, cap. 22-23.

cations, mais surtout à cause des entraves apportées au droit de se faire représenter en justice.

Nos anciens auteurs distinguent les contremands des exoines. L'origine des contremands qui donnèrent lieu à tant d'abus exorbitants et à une foule de mauvaises chicanes, est restée fort obscure. On a dit que les contremands venaient de ce que dans le très ancien droit l'ajournement ne faisant pas connaître l'objet de la demande, à l'expiration des délais le défendeur, en comparaissant, ne pouvait pas dire de suite s'il se soumettait ou s'il acceptait le procès ; il demandait du temps pour réfléchir. Si telle avait été l'origine des trois contremands, on ne comprendrait pas pourquoi le droit de faire des contremands appartenait aussi au demandeur.

Les contremands étaient réservés aux nobles ; ils étaient refusés aux vilains qui auraient manqué à leurs devoirs s'ils ne s'étaient pas soumis à la semonce d'un supérieur hiérarchique(1). En général c'était le défendeur qui usait des contremands ; mais quelquefois aussi le demandeur invoquait ce droit (2). Le contremand ne devait être dirigé que contre le premier jour fixé pour la comparution en justice : une fois la procédure engagée, on ne pouvait obtenir des délais que par *essonium*. Le contremand pouvait être renouvelé jusqu'à trois fois, mais il fallait chaque fois le notifier au plus tard la veille du jour de l'échéance (3). A la différence du contremand, l'exoine devait être fondée sur un empêchement légitime ; elle pouvait être invoquée par les deux parties, par les témoins et par les assesseurs, en tout état de cause, même par les vilains. Quant aux justes causes d'exoine, elles étaient déterminées par l'usage et nos anciens auteurs entrent sur ce point dans d'aussi longs détails que Glanville, ce qui montre combien cette matière était importante et pratique (4). La partie qui obtenait un *essonium* devait

---

(1) Anciens usages d'Artois, III, 2, 32. — Charondas sur Boutellier, p. 26.

(2) Marnier, Coutumes notoires des cours de Picardie, p. 116.

(3) Marnier, Etablissements et Coutumes de Normandie, p. 30, 31. — Beaumanoir, III, 9 et 12. — Anciens usages d'Artois, III, 36. — Jean d'Ibelin, ch. 59.

(4) Ollm, I, 430. — Beaumanoir, III. — Grand Coutumier de Normandie, ch. 40 à 48. — Marnier, Coutumes notoires de Picardie, p. 30.

le faire connaître à son adversaire et s'entendre avec lui pour la reprise de l'affaire ; l'exoine ne la dispensait en effet de comparaître que pendant la durée de l'empêchement sur lequel elle était fondée (1).

Le contremand qui n'était qu'une mauvaise chicane et une cause de retards inutiles, tomba en désuétude pendant les quinzième et seizième siècles (2). Mais la théorie de *l'essonium* resta en pleine vigueur (3); elle ne disparut qu'à l'époque où la représentation en justice, d'abord facultative, devint ensuite obligatoire.

Au jour définitivement fixé pour la comparution, si l'une des parties ne venait pas, l'autre pouvait prendre défaut contre elle ; mais anciennement, toutes les fois qu'il avait été fixé un jour et non une heure pour la comparution, celle des parties qui voulait prendre défaut contre l'autre devait attendre tout le jour jusqu'au lever des étoiles (4). A la même époque, celui qui faisait défaut était avant tout, et par cela seul, condamné à une amende envers le seigneur ou les juges (le vilain deux sous, six deniers ; l'homme libre, dix sous) ; on considérait son défaut comme une injure faite à la justice. Était-ce le demandeur qui faisait défaut, il était déchu du bénéfice de l'instance mais conservait son droit. Quant aux conséquences du défaut pour le défendeur, il s'introduisit, sous l'influence du droit canonique, une théorie très compliquée qui consistait à distinguer suivant que le défaut avait lieu après la première, la seconde ou la troisième assignation et selon que l'action était mobilière ou immobilière. En matière immobilière, le défendeur qui faisait défaut sur la première et sur la seconde assignation, devait supporter les frais ; c'était d'ailleurs les seules conséquences de ces deux premiers défauts. Faisait-il encore défaut sur la troisième assignation, alors seulement le demandeur obtenait un jugement *ad videndum adjudicare utilitatem defectus.* Puis enfin, quand le deman-

---

(1) Beaumanoir, III, 16. — Anciens usages d'Artois, III, 39.

(2) Boutellier, liv. I, tit. 4.

(3) Anciennes constitutions du Châtelet, art. 13. — Imbert, liv. III, ch. 4. — Ordonnance de 1535, ch. 13, art. 39.

(4) Jean d'Ibelin, ch. 52.

deur avait fait sa preuve, le défendeur était condamné (1). En matière personnelle et mobilière, le premier défaut du défendeur lui faisait perdre le droit d'invoquer ses exceptions déclinatoires ; après le second, il était privé du droit d'opposer ses exceptions dilatoires ; enfin son troisième défaut lui retirait ses moyens péremptoires. Toutefois, d'après certaines pratiques, le demandeur n'obtenait gain de cause qu'à la condition de prouver son droit ; dans certaines contrées, le demandeur obtenait de suite, après la première assignation, défaut sur le fond, en matière immobilière comme en matière mobilière (2). Dans d'autres on n'exigeait plusieurs assignations avant le défaut sur le fond qu'autant que l'objet du litige dépassait une certaine valeur, par exemple, cent sous dans la coutume de Dijon (3). Dans les matières sommaires, une seule assignation suffisait toujours pour qu'on fût autorisé à prendre défaut (4). Toutes ces solutions s'inspiraient du droit canonique qu'elles ne reproduisaient pourtant pas toujours fidèlement (5).

Fort souvent, les deux parties étant en présence, le défendeur, au lieu de contredire le fond de la prétention, opposait des exceptions. Ces exceptions n'étaient pas considérées comme des réponses à la demande et, à part les actions pour crime, elles devaient être proposées avant les réponses, soit que celles-ci aient été faites spontanément par le défendeur, soit qu'elles aient été données sur un ordre du juge et après réquisition du demandeur. Ces exceptions étaient souvent des moyens d'éviter une réponse à la demande : aussi les appelait-on parfois des fuites. Des textes assez nombreux nous montrent que l'exception dispensait parfois, même d'une manière définitive, le défendeur de répondre si elle était admise par la cour (6). Toutefois lorsque l'action était fondée sur un crime, le défendeur devait opposer à la demande une dénégation

---

(1) Stylus parlamenti, VI, VIII. — Boutellier, livr. I, tit. 5. — Grand Coutumier, livr. III, ch. 10.
(2) Stat. de Bergerac., ch. 78.
(3) Recueil de Pérard, p. 336.
(4) Marnier, Coutumes notoires de Picardie, p. 18, 45.
(5) On trouvera le système du droit canonique sur la contumace dans Fournier, les Officialités au moyen âge, p. 152.
(6) Ollm, I, 455, n° 19 ; 492, n° 9 ; 502, n° 23 ; 607, n° 14 ; 914, n° 81.

immédiate au risque d'être tenu pour coupable ; il ne pouvait proposer ses exceptions qu'après sa réponse au fond ou tout au moins en même temps(1). Cependant le Livre de jostice et de plet se montre moins rigoureux et autorise le défendeur actionné pour roberie à joindre à son exception la réserve d'une réponse (2).

L'ancienne procédure féodale consacrait un certain nombre d'exceptions dilatoires qui ont disparu dans la suite. Ainsi, comme le défendeur n'était pas prévenu à l'avance de l'objet du procès, il avait le droit de demander un jour de conseil ou d'avisement s'il n'était pas du nombre des personnes qui pouvaient user des contremands. Ce jour lui était toujours accordé lorsqu'il était actionné pour un fait ou un acte qui ne lui était pas personnel, comme par exemple, en qualité d'héritier du débiteur ; dans le cas contraire, on le lui aurait refusé (3). Les procès relatifs aux immeubles étaient considérés comme si importants, qu'il était d'usage de ne jamais refuser le jour de conseil (4). Dans ces procès, on accordait aussi un jour de vue ou montrée en cour; à une époque où l'absence du cadastre rendait fort difficile la désignation des immeubles, il était nécessaire de montrer et voir le fond litigieux pour que les deux parties fussent bien d'accord sur son identité. A cet effet, un délai était indispensable pour qu'un membre de la Cour, des témoins et les parties en cause pussent se rendre sur les lieux contentieux (5). Un autre délai était également accordé pour mettre garant en cause, et ensuite les deux procès réunis suivaient leur cours, l'un entre le demandeur originaire et le défendeur, l'autre entre le garanti et le garant, à moins que celui-ci n'ait pris le fait et cause de celui-là pour répondre directement à la de-

---

(1) Abrégé de la cour des bourgeois, 2ᵉ partie, ch. 26. — Beaumanoir, LXI, 5.

(2) XIX, 11, § 3.

(3) Anciens usages d'Artois, XXI, 1 à 10.

(4) Abrégé des assises de la cour des bourgeois, ch. III. — Beaumanoir, X, 15. — Anciennes constitutions du Châtelet, art. 38.

(5) Jean d'Ibelin, ch. 32 et suiv. — Philippe de Navarre, ch. 2 et suiv. — Anciens usages d'Artois, III, 32. — Beaumanoir, liv. IX.

mande principale (1). Enfin, le défendeur pouvait aussi proposer l'incompétence, et pendant le procès sur cet incident, il était sursis au fond.

Telle était l'ancienne théorie des exceptions, mais elle se compléta et se régularisa sous l'influence du droit canonique.

Ce droit divise les exceptions en dilatoires ou péremptoires, expressions empruntées au droit romain. Il y a deux sortes d'exceptions dilatoires : les unes sont *dilatoriæ judicii*, les autres *dilatoriæ solutionis*. Les premières supposent que le demandeur a commis dans la procédure une erreur ou une faute et ont pour objet de l'obliger à recommencer son action ; telles sont l'exception d'incompétence, dite déclinatoire, celle tirée de l'incapacité du juge, du demandeur ou de son procureur, l'exception de spoliation qui permet au défendeur de se dispenser de répondre à l'action tant qu'il n'a pas été restitué contre la spoliation. Les exceptions *dilatoriæ solutionis* sont de véritables moyens de fond : elles s'attaquent au droit déduit en justice, non pour l'anéantir, mais pour en retarder les effets ; tel est le moyen tiré de ce que la dette n'est pas encore arrivée à échéance. L'exception péremptoire est plus grave encore : elle s'attaque directement au fond du droit et devient un obstacle perpétuel à son exercice si elle est fondée. Telles sont l'exception de dol, l'exception *quod metus causa*, celle tirée du sénatus-consulte velléien ou du sénatus-consulte macédonien (2).

Nos praticiens et nos coutumiers se sont approprié ces classifications, en faisant toutefois mieux ressortir les exceptions déclinatoires et en classant, le plus souvent, les nullités de procédure parmi les exceptions péremptoires. Nos coutumiers et nos pratiques judiciaires se sont surtout occupés de l'ordre dans lequel on devait faire valoir les exceptions. Il fallait avant tout proposer l'exception d'incompétence ; puis venaient les exceptions dilatoires par lesquelles on deman-

---

(1) Marnier, Etablissements et coutumes de Normandie, p. 70. — Etablissements de saint Louis, I, 91 ; II, 17. — Beaumanoir, XXXIV, 44, 46 et 64.

(2) Cpr. Speculum juris de Guillaume Durand, lib. II, pars 1, De exceptionibus et replicationibus.

dait jour de conseil, de vue ou de garant qui devaient elles·
mêmes être invoquées dans l'ordre où nous les avons énumé-
rées (1). C'est seulement après avoir demandé tous ces délais
que le défendeur arrivait aux barres, plus tard appelées
exceptions péremptoires de fond (2). Cette nécessité d'invoquer
toutes les exceptions les unes après les autres, d'entamer
une procédure spéciale pour chacune d'elles et d'obtenir
chaque fois jugement, était une cause de lenteurs intermina-
bles. De plus, toutes ces distinctions de notre ancien droit
et du droit canonique étaient souvent subtiles, obscures ou
même inexactes ; de là de fréquentes confusions et des procès
sur le point de savoir si une prétention du défendeur devait
être rangée parmi les réponses, c'est-à-dire les défenses au
fond, ou parmi les exceptions. Les rédacteurs du code de
procédure sont les premiers qui aient nettement défini les
diverses sortes d'exception, bien qu'il y ait encore quelque obscurité dans les articles 186 et 187.

Le droit canonique emprunta aussi à la législation de
Justinien un autre moyen également établi en faveur du
défendeur ; nous voulons parler des demandes reconventionnelles. Ces demandes n'étaient permises, chez. les Romains,
que sous certaines conditions qui tenaient en partie au méca-
nisme même du système formulaire et survécurent à ce
système. Justinien, le premier, permit au défendeur d'élever
une prétention quelconque sous forme de demande reconventionnelle, même si elle n'avait aucun rapport avec la demande
principale. Seulement, pour empêcher le défendeur de
retarder indéfiniment l'affaire par ce moyen, il voulut que
toute demande reconventionnelle fût formée *in limine litis*.
Ce n'est d'ailleurs pas le lieu de nous arrêter ici à cette question, pas plus que de rechercher ce qu'il a voulu dire en
admettant la compensation même dans les actions *in rem*.
L'Église autorisa les demandes reconventionnelles comme
l'avait fait Justinien ; il n'était pas nécessaire qu'elles présen-
tassent la moindre analogie ou connexité avec la demande

(1) Grand coutumier, liv. 3, ch. III. — Boutellier, liv. I, tit. 32. —
Stylus parlamenti, tit. 1, cap. 12. — Cpr. Imbert, liv. I, ch. 19.

(2) Beaumanoir, VII, 15. — Anciennes constitutions du Châtelet, art.
1er et 15.

principale (1). Toutefois, quand la demande reconventionnelle était une réponse à l'attaque, le défendeur devait faire le premier la preuve, tandis que quand la demande reconventionnelle n'avait aucun rapport avec la demande principale, le défendeur ne l'établissait qu'après la preuve faite par le demandeur. Quoi qu'il en soit, le système des justices d'église était en contradiction absolue avec celui des cours laïques des pays de coutume qui défendaient toutes les demandes reconventionnelles (2). Cette prohibition était établie dans l'intérêt des seigneurs hauts justiciers qui tiraient d'importants profits des plaideurs ; les demandes reconventionnelles auraient permis de réunir deux procès en un et auraient privé le juge du domicile du demandeur, défendeur à la demande reconventionnelle, du bénéfice d'une instance.

Toutefois, dans les pays de droit écrit, probablement sous l'influence du droit romain, les demandes reconventionnelles furent toujours permises dans les justices séculières, seulement le juge devait les distraire des demandes principales toutes les fois qu'elles étaient de nature à retarder l'instruction de ces dernières. Enfin, sous l'influence du droit canonique, la compensation et les demandes reconventionnelles ont fini par pénétrer aussi dans les pays de coutume, mais seulement au commencement de la période suivante de l'histoire du droit français.

Après les exceptions du défendeur, les incidents relatifs aux preuves sont ceux qui offrent le plus d'importance et qui subissent aussi les plus profondes modifications, toujours sous l'influence du droit canonique. Au XIII° siècle, à l'époque où la procédure écrite commence à restreindre singulièrement la procédure orale, les parties doivent, après la première plaidoirie, articuler par écrit les faits à prouver. Ces écrits s'appellent *rubricæ* ou *rubrices* (3). Dans sa rubrique, le demandeur indique les faits à prouver, le défendeur répond par un autre écrit dans lequel il nie les faits ou soutient

---

(1) C. 1, X, De mutuis petitionibus, 2, 4.

(2) Loisel, Institutes coutumières, liv. V, titre 3, art. 3.

(3) Beaumanoir, VI. — Ollim, I, 90, 316.

qu'ils ne sont pas pertinents. Le juge intervient alors et décide quels faits seront prouvés, sans avoir d'ailleurs le droit d'en introduire de nouveaux.

Les preuves par le combat judiciaire, par serment, par jugement de Dieu furent attaquées sous l'influence du droit canonique. Les anciens coutumiers commencèrent par admettre et combiner les moyens de preuve du droit féodal, ce qui produisit un système illogique et bizarre (1).

La preuve par témoins fut de droit commun pendant toute notre période. Toutefois, sous la procédure féodale, personne n'était tenu de venir déposer en justice comme témoin. C'est qu'en effet, la déposition d'un témoin pouvait le conduire à un combat judiciaire pour défendre son témoignage ; il eût donc été trop rigoureux de contraindre une personne à déposer en justice, c'est-à-dire à accomplir un fait qui aurait pu mettre sa vie en danger. Aussi quand une partie voulait faire comparaître des témoins, il fallait qu'elle s'entendît avec eux.

Ici reparaissent, dans ces enquêtes, les solennités rigoureuses et parfois puériles des procédures féodales ; aussi permet-on au témoin de prendre un prolocuteur pour parler à sa place. L'enquête se divise en deux parties : la première est consacrée à la déposition (dire la garantie·) et la seconde au serment (jurer la grande garantie). La déposition doit exactement concorder avec les termes dans lesquels le témoignage a été offert. C'est encore là une application de ce formalisme rigoureux que nous avons déjà rencontré. La déposition du témoin serait nulle s'il n'y avait pas concordance parfaite entre elle et les termes avec lesquels elle a été offerte par la partie. C'est précisément pour éviter ces chances de nullité qu'on avait imaginé de faire parler un prolocuteur à la place du témoin; celui-ci déposait par l'organe de celui-là. D'après l'ancienne coutume des gages de bataille en vigueur à Amiens, celui qui produit un témoin doit le tenir par le pan de son vêtement. Le prolocuteur en fait autant. Ce dernier prend ensuite la parole, il reproduit tous les propres mots du claim et

(1) Beaumanoir, XIX. — Anciens usages d'Artois, 2 à 7. — Boutellier, liv. I, tit. 105.

de la demande mot à mot et déclare que tous ces mots sont
attestés par le témoin qu'il continue à tenir par le pan de son vêtement. Le témoin s'offre à en prouver par serment l'exactitude et il pose à cette fin la main sur les Saintes Écritures (1).
D'après les Assises de la haute cour, la déposition du témoin
peut aussi avoir lieu par l'intermédiaire d'un prolocuteur (2).
Mais d'ailleurs, même dans les cas où le témoin parle ainsi
par l'organe d'un prolocuteur, il doit néanmoins prêter serment en personne ; toutefois il lui suffit alors de se référer
aux paroles du prolocuteur. C'est peut-être pour ce motif que
la déposition et le serment forment deux parties distinctes de
la procédure. Toutes ces précautions sont prises pour réduire
autant que possible les causes de nullité. Il y a en effet moins
de chances d'erreur de la part du prolocuteur que de la part
du témoin. En outre, si le témoin se trompe, son erreur est
sans remède et cela reste vrai, même pour le serment qu'il est
toujours tenu de prononcer en personne. Au contraire, les
défauts de forme commis par un prolocuteur peuvent être
réparés au moyen d'une procédure spéciale, celle de l'amendement, et c'est là, nous l'avons déjà fait remarquer, un
des grands avantages qu'offre le ministère des prolocuteurs.

Bien différente est la forme des enquêtes dans les justices
d'église ; on n'y trouve aucune trace de ce formalisme rigoureux, l'enquête a lieu en secret et par écrit (3). Avant tout la
partie devait demander l'enquête au juge et lui indiquer les
faits sur lesquels les témoins seraient entendus ; mais il ne
pouvait être question d'enquête avant la *litis contestatio* parce
qu'alors le défaut de l'une des parties dispensait l'autre de la
preuve (4). Les enquêtes à futur étaient permises, sans condition, de la part de celui qui aurait été défendeur ; de la part
du demandeur, à condition qu'il se trouvât dans l'impossibi-
lité d'agir (5). L'enquête à futur était faite sans l'observation

(1) Pour plus de détails, cpr. Brunner, op. cit.
(2) Jean d'Ibelin, ch. 77.
(3) Sur la preuve par témoins, voy. X, De testibus, 2, 20.
(4) C. 2, De testibus, 2, 10, in 6°. — C. 1, 2, X, Ut lite non contestata non procedatur ad testium receptionem, 2, 6.
(5) C. 5, pr. X, Ut lite non contestata, 2, 6. — C. 41. X, De testibus
2. 20.

des formalités ordinaires, en l'absence et à l'insu de l'adversaire ; seulement si elle avait été ordonnée au profit de celui qui aurait été demandeur au procès, ce dernier devait la dénoncer dans l'année à son adversaire ou intenter l'action, sous peine de ne pas pouvoir invoquer les témoignages. Ces restrictions n'étaient pas imposées au défendeur sous prétexte qu'il ne pouvait pas prendre les devants (1). Disons de suite que ces enquêtes à futur ont passé dans notre ancienne pratique judiciaire où elles ont donné lieu à de tels abus à cause de l'absence de l'adversaire, qu'elles ont enfin été interdites par l'ordonnance de 1667 (2).

Lorsque la partie avait demandé, dans un procès, une enquête au juge d'église, celui-ci décidait quels témoins seraient entendus, sur quels faits, dans quels délais et après que la partie adverse avait reçu communication de la demande (3). A l'expiration du délai donné pour comparaître, les témoins devaient, à peine de nullité de leurs dépositions, prêter serment avant d'être entendus, à moins que les deux parties ne fussent d'accord pour leur faire remise de cette formalité (4). Nul ne pouvait se dispenser de comparaître comme témoin, à la différence de ce qui avait lieu dans la procédure féodale (5). Chaque partie pouvait exercer des reproches pour des causes déterminées, notamment contre le témoin qui avait commis un crime, contre son ennemi mortel, contre celui qui était suspect de parjure, contre celui qui avait un intérêt dans une cause semblable (6). Les causes d'incapacité de déposer comme témoin étaient fort nombreuses ; il serait inutile de les rappeler ici. On ne permettait pas à une partie d'assigner plus de neuf témoins sur le même fait (7). C'était le juge qui interrogeait les

---

(1) C. 5. pr. X, Ut lite non contestata, 2, 6.

(2) Tit. 13, art. 1er. — On sait qu'aujourd'hui la question de leur existence est controversée.

(3) C. 2, 7, 37, 41, X, De testibus, 2, 20.

(4) C. 5, 39, 51, X, De testibus, 2, 20. — Cpr. art. 262 c. pr. civ. ; ord. de 1667, tit. 22, art. 9.

(5) Voy. De testibus cogendis. X, 2, 21. — Ord. de 1667, tit. 22, art. 8 — C. pr. civ. art. 263.

(6) C. 1. X, De exceptionibus, 2, 25.—C. 22, et 24 X, De testibus, 2, 20. — C. 31, X, De simonia, 5, 3.

(7) Clem. 2, h. t. — Cpr. art. 281 du cod. de pr.

témoins, en l'absence des parties. On sait que dans le droit de Justinien cet interrogatoire avait lieu en présence des deux adversaires, mais le droit canonique avait écarté les parties sous prétexte de mieux assurer l'indépendance des témoins(1). Le juge interrogeait les témoins en l'absence des parties : il dressait procès-verbal de leurs dépositions et portait ce procès-verbal à la connaissance des parties qui plaidaient ensuite sur le résultat de l'enquête (2).

Il suffit de rapprocher ces dispositions des écrits de nos jurisconsultes à partir du quatorzième siècle et on pourrait même dire du code de procédure actuel, pour se convaincre que ce système des enquêtes d'église a, tout entier, passé dans notre pratique ancienne et moderne. C'est aussi vers le quatorzième siècle que s'établit une procédure spéciale pour les enquêtes des commissaires et à laquelle le *Stylus parlamenti* consacre un chapitre tout entier (*De modo conficiendi processus commissariorum*). La procédure des enquêtes fut désormais ce qu'elle est restée dans le code de procédure jusqu'à la rédaction du procès-verbal par le greffier. Autrefois le greffier dressait deux procès-verbaux, l'un contenait l'indication de la procédure suivie, l'autre reproduisait les dépositions. Les parties étaient appelées pour être présentes à la *closture du sac;* chacune d'elle obtenait copie du procès-verbal de la procédure ; quant au procès-verbal des dépositions, il était, en présence des plaideurs, mis dans un sac clos et scellé, qu'il fallait porter au greffe de la justice et qu'au bout de quelque temps on ouvrait en suivant des formes spéciales (3).

Quant à l'effet des dépositions des témoins, il était déterminé par ce que l'on a appelé plus tard le système des preuves légales, et ce système avait, lui aussi, été emprunté au droit canonique. Aujourd'hui le juge se décide d'après son intime conviction : il pèse les témoignages au lieu de les compter. Les canonistes crurent emprunter aux jurisconsultes romains un système qui imposait au juge sa conviction. Ainsi la déposition d'un seul témoin ne suffisait pas, à moins que

(1) C. 31, X, De testibus, 2, 20.
(2) C. 15, 30, 31, 37, 41, 43, 51, 53, X, De testibus, 2, 20.
(3) Anciens usages d'Artois, I, II, 8 à 22. — Assises romaines, ch. 191.

ce témoin ne fût une personne assermentée, chargée de constater certains faits (1). On a cru à tort que les jurisconsultes romains entendaient dans le même sens la règle : *testis unus, testis nullus* (2). C'est Constantin qui, le premier, posa la règle arbitraire qu'un seul temoin ne peut pas faire preuve (3). Le droit canonique accepta le même principe avec d'autant plus d'empressement qu'il était déjà écrit dans le *Deutéronome* (4), mais cette règle du *Deutéronome*, faite pour un peuple grossier, n'aurait pas dû s'appliquer à la société chrétienne, pas plus qu'un grand nombre des lois mosaïques spéciales au peuple juif. Quelle que fût la dignité du témoin, se fût-il agi d'un archevêque, sa déposition isolée ne pouvait faire preuve: le pape seul avait le privilège d'être cru sur sa déclaration (5). Ces règles avaient passé dans notre ancien droit et Loisel disait, dans ses *Institutes coutumières* à propos des preuves (§ 10) : « *Voix d'un, voix de nun* ». Pothier accepte cette maxime sans la moindre critique: « Le témoignage d'un seul témoin ne peut faire preuve, quelque digne de foi qu'il soit, et en quelque dignité qu'il soit constitué. Mais un témoin unique fait une semi-preuve, laquelle étant soutenue du serment, peut quelquefois, dans des matières très légères, compléter la preuve (6). »

, En sens inverse deux témoins non suspects faisaient preuve

---

(1) C. 23, X. De testibus, 2, 20.

(2) La loi 21, § 3, De testibus, fait seulement remarquer qu'une déposition isolée doit toujours être accueillie avec la plus grande circonspection. Paul rapporte, il est vrai, un décret impérial où il est dit : Unius testimonio non esse credendum ; mais c'est parce qu'il s'agissait, dans l'espèce, d'un témoin suspect et le décret avait ainsi statué plus en fait qu'en droit (L. 20, De quæst.). Dans un autre texte (L. 12, De testibus), Ulpien dit que deux témoins suffisent ; on en a conclu a contrario qu'un seul ne doit pas faire preuve. Mais tel n'était pas du tout la pensée du jurisconsulte ; Ulpien voulait seulement dire que quand des lois exigent au pluriel des témoins (probablement dans un acte extrajudiciaire), sans en fixer le nombre, deux témoins suffisent pour que ces lois soient observées.

(3) Const. 9, § 1, De testibus.

(4) Ch. 19, v. 15.

(5) Cujas, sur les Décrétales, tit. De testibus, cap. 28.

(6) Traité des Obligations, n° 783.

entière dans notre ancien droit, quelle que fût la conviction du juge. Cette singulière doctrine vient encore du droit canonique où deux témoins constituaient une sorte d'unité légale; deux témoins contrebalançaient l'autorité d'un acte public ; quatre témoins avaient une autorité supérieure à celle de l'acte[1]. On voit que, dans ce système, la preuve est faite, quelle que soit la conviction du juge, dès que les conditions prescrites par la loi sont réunies. Il est toutefois juste d'ajouter qu'à l'origine ce système n'était pas appliqué avec une entière rigueur et qu'il comportait parfois des tempéraments. Ainsi les dépositions de deux témoins dans le même sens liaient le juge, mais on ajoutait : *si motus animi judicis cum his concurrit*. Les deux témoins d'une même partie étaient-ils en désaccord, leurs dépositions n'avaient plus aucune valeur ; mais s'ils étaient plus de deux, le juge devait suivre les dires de ceux qu'il estimait les plus sûrs, fussent-ils les moins nombreux ; *non enim ad multitudinem testium respici oportet, sed ad sinceram fidem eorum*. Lorsque des témoins avaient été produits par les deux parties, le juge devait s'attacher à concilier leurs dépositions. S'il n'y parvenait pas, il pouvait apprécier les témoignages, mais d'après les règles imposées par la loi. Ainsi, de deux témoins dont les dépositions étaient contradictoires, il devait préférer le plus âgé ou le plus élevé en dignité [2].

L'esprit de ces dispositions, avait passé, non seulement dans les écrits de nos vieux jurisconsultes, mais même dans les ordonnances royales. Une ordonnance de Charles VI du 15 novembre 1394 permit aux femmes d'être témoins ; mais le témoignage d'une femme ne valait pas celui d'un homme et il était même estimé d'une manière assez curieuse puisque les dépositions de trois femmes étaient exigées là où celles de deux hommes auraient suffi. Il y avait encore beaucoup d'autres règles non moins arbitraires, comme, par exemple, celle qui estimait la déposition d'une personne à la valeur d'une moitié ou d'un quart de témoin.

---

[1] Cujas, Ad cap. X, De fide Instrument. Pothier approuve ce système. Voy. son traité des obligations, nos 818 et 819.

[2] Voy. à cet égard Fournier, Des officialités, p. 193.

Pendant notre période, on préférait encore la preuve par témoins à la preuve écrite et on admettait même que quand une partie avait fait sa preuve par écrit, l'autre pouvait combattre l'écrit par témoins : « témoins par vive voix détruisent lettres » (1). La preuve par écrit n'est devenue la règle qu'au seizième siècle, à partir de l'ordonnance de Moulins. Mais néanmoins et surtout au début de notre période, les écrits devaient être très fréquents en matière de contrat, car on les considérait alors autant comme une condition substantielle du contrat que comme un moyen de preuve. Le Livre de justice et de plet contient à cet égard une théorie à peu près complète. Il pose en principe que si le contrat n'a pas été exécuté ni constaté par écrit de l'aveu des deux parties, le demandeur n'a pas le droit d'en faire la preuve par témoins ; le défendeur peut s'opposer à l'audition de ces témoins et repousser la demande en jurant qu'il n'y a pas eu contrat. Mais si le demandeur affirme que le contrat a déjà été exécuté, la preuve par témoins est admise. Dans le premier cas, en effet, le contrat ne s'est jamais formé, tandis que dans le second il existe par l'effet de l'exécution. Le Livre de justice et de plet fait ensuite application de ces différentes règles aux principaux contrats, vente, commodat, louage, société, mandat, convention de partage (2). Mais ce système n'est rappelé en France dans aucun autre ouvrage de l'époque ; tout au plus en trouve-t-on des traces douteuses dans les Assises de Jérusalem. C'est qu'en effet la théorie des contrats solennels tendait à disparaître complètement. D'un autre côté on avait imaginé un moyen tout particulièrement sûr de constater les accords de volonté. En Angleterre on avait pris l'habitude, au moyen âge, de les faire constater en justice. Il en était de même chez nous. La preuve par record était la plus solide, car on ne pouvait pas fausser les jugeurs qui siégeaient à la cour au moment où la convention avait été passée devant eux, comme on en aurait eu le droit s'il s'était agi de témoins ordinaires (3).

(1) Voy. Faber, ad leg. 15 au Code. De fide instrumentorum.
(2) Voy. à cet égard les détails contenus dans l'article de M. Esmein, Nouvelle Revue historique, année 1881, p. 24 et suiv.
(3) Beaumanoir, XXXIX, 6 ; LXIII, 11. — Cpr. Brünner : Die Entstehung der Schwurgerichte, p. 189 et suiv.

Mais l'usage de s'adresser à la cour était réservé aux actes les plus importants et bientôt même le ministère des notaires s'étant répandu, il devint encore fréquent. Quand une partie invoquait en sa faveur un acte sous seing privé, c'était à elle à en établir la sincérité, par témoins ou par experts, au moyen de la procédure par vérification, et celui qui avait nié à tort la sincérité de son écriture, était condamné, comme coupable de dol, à une amende ou au double du procès (1). Nous ne pouvons parler ici de la procédure du faux, car elle avait un caractère criminel qu'elle conserva jusqu'aux ordonnances de 1670 et de 1737.

A défaut d'écrit et de témoins, la partie pouvait encore établir son droit par l'aveu de l'adversaire ; peu importait que l'aveu fût écrit ou verbal ; seulement dans ce dernier cas, il fallait en prendre acte. Les anciens coutumiers s'occupent aussi de l'aveu fictif : toutes les fois qu'une partie avançait des faits et que l'autre ne les niait pas, le silence de celle-ci valait aveu, ce qui était une source de fréquentes surprises (2). Le droit canonique préférait l'aveu à tous les autres moyens de preuve. Aussi organisa-t-il avec un soin tout particulier la procédure qui devait amener cette preuve (3). De là est venue plus tard la procédure de l'interrogatoire sur faits et articles. Mais elle n'existait pas, au moins d'une manière uniforme et précise, pendant notre période dans les cours laïques, et c'est seulement sous la période suivante qu'elle fut définitivement organisée par les ordonnances royales.

L'Église a d'abord favorisé le développement du serment dans la législation barbare. Celle-ci en fit même un tel abus, que l'Église fut obligée d'intervenir pour le restreindre ; elle défendit au juge de le déférer lorsque le plaideur avait déjà fait sa preuve autrement. Par un retour à la doctrine primitive de l'Église qui ordonnait de ne déférer le serment qu'avec beaucoup de réserve, le pape Alexandre III prescrivit aux juges d'église de ne recourir au

---

(1) Beaumanoir, XXXV, 3 à 12.
(2) Beaumanoir, VII.
(3) Voy. X, De confessis, lib. 2, tit. 18. — Cpr. D. De interrogatiobus in jure faciendis, 11, 1.

serment qu'à défaut de tout autre moyen de preuve (1). Le serment *de calumnia*, emprunté par le droit canonique (2) à Justinien, fut défendu aux clercs par le concile de Latran ; mais il n'est pas absolument certain que cette défense ait été partout observée, car des canonistes relativement récents, par exemple, Bœhmer, nous parlent du *juramentum calumniæ*, comme s'il existait encore. Ce serment n'avait pas d'abord été exigé dans les causes ecclésiastiques (3), mais ensuite il fut aussi imposé dans ces affaires (4). On admettait même la règle du droit romain qui interdisait aux parties de supprimer, d'un commun accord, le *juramentum calumniæ*, en ce sens que malgré cette convention, le juge pouvait toujours le déférer ; mais si les parties et le juge ne soulevaient pas cet incident, l'instance était valable, malgré l'absence de serment (5). Lorsque le demandeur refusait de prêter serment, il perdait son action ; quant au défendeur, on le considérait comme faisant aveu (6). Ce serment *de calumniæ* passa dans nos cours laïques où il finit toutefois par tomber en désuétude (7). Quant au serment ordinaire, le droit canonique proclamait les principes qui ont passé dans notre droit : il pouvait être déféré, par l'une des parties à l'autre, dans toute cause susceptible de transaction et le plaideur auquel il était déféré devait le prêter, pour gagner le procès ; toutefois il pouvait le référer, s'il portait sur un fait commun aux deux parties. Le juge, de son côté, pouvait déférer le serment supplétoire ou le serment purgatoire, toutes les fois qu'un fait, sans être prouvé, paraissait vraisemblable. Le serment supplétoire était déféré à la partie au profit de laquelle il existait un commencement de preuve, le serment purgatoire à son adversaire, car, à la différence de ce qui a lieu dans no-

---

(1) Gratien, c. 22. quæst. 1. — C. 2, X, De probationibus, 2, 19.
(2) Voy. X, De juramento calumniæ, lib. 2, tit. 7.
(3) C. 2. X, De juramento calumniæ, 2, 7.
(4) C. 1, § ult. h. t. in 6e.
(5) C. 1, § 1, h. t. in 6e. — Cpr. Const. 2, § 4, De jure jurando propter calumniam, 2, 58.
(6) C. 7, § 1, X, De juramento calumniæ, 2. 7.
(7) Pasquier, Recherches, liv. IV, ch. 3.

tre code civil, le juge avait le droit de déférer le serment aussi bien à l'une qu'à l'autre partie (1).

Le droit canonique n'a pas introduit le serment dans les justices laïques, mais il a contribué à le dégager du formalisme de la procédure féodale. Le serment avait passé de la procédure des *leges* dans cette dernière, et il était soumis à ce formalisme rigoureux et puéril que nous avons déjà constaté. Tout était prévu par la loi et pour peu qu'on s'écartât d'une forme prescrite, on succombait. Dans la procédure féodale, la formule du serment, la manière de le prononcer, l'attitude du corps et particulièrement de la main, sont minutieusement décrites par la loi ou plus exactement par la coutume. Les formalités ne sont pas partout les mêmes, mais partout elles portent sur ces trois objets et sont prescrites avec la même rigueur. Ainsi la formule du serment doit correspondre exactement, mot pour mot, à ce qui a été dit par la partie ou par le témoin. C'est ce que nous apprend Glanville et ce que reproduisent les textes de notre droit (2). Ainsi, d'après la coutume normande, le juge ou son délégué, un bâton à la main, dicte la formule du serment à la partie et à ses co-jureurs, qui doivent la répéter mot pour mot. La partie perd son droit si elle ou l'un des co-jureurs omet un mot ou en profère un qui n'a pas été dicté par le juge(3). On pourrait multiplier les exemples pour montrer que partout le formalisme était aussi rigoureux. Nous nous en tiendrons aux anciennes franchises de Lille (4).

(1) Bœhmer, op. cit., § 808 et suiv.
(2) Glanville, lib. XIV, cap. 1. — Summa de legibus et consuetudinibus Normanniæ, II, 3, § 7, 10 et 13 ; 19, § 3.
(3) Summa de legibus et consuetudinibus Normanniæ, II, 19, § 6 et passim. — Cette nécessité imposée au juge de tenir un bâton à la main semble avoir existé aussi en Allemagne, comme le prouve la locution : den Eid staben. Mais elle a dû tomber de bonne heure en désuétude et alors qu'elle existait encore en Normandie. Ce formalisme de la procédure du serment était général au moyen âge. Nous nous bornerons à renvoyer à ce que nous avons dit, à propos du droit anglais, du *juramentum fractum* dans notre *Histoire du droit et des institutions de l'Angleterre* (tome II). Voy. aussi la dissertation déjà citée de Brunner sur la « Parole et la Forme dans l'ancienne procédure française ».
(4) Roisin, Franchises de Lille : « Comment on doit aller as saine », 31 et suiv. — Ordonnance du roi Jean, en date de 1350.

Cette coutume impose le serment aux deux parties, dans toute affaire personnelle ou mobilière, et de plus elle oblige le défendeur à se faire assister de deux co-jureurs. Chaque partie doit tenir la main ferme et immobile sur les Saints Évangiles, le pouce sous les autres doigts pendant qu'elle prononce la formule du serment ; si elle a le malheur de retirer ou même de remuer la main avant d'avoir entièrement prononcé la formule, elle perd son procès. On ne dispense de cette pantomime que les personnes atteintes d'infirmités qui ne leur permettent pas de s'y soumettre, à la charge toutefois d'une déclaration préalable du plaideur et sous cette réserve « que s'il entreprendoit à ses lois et à son serment faire, que il ne pierge riens par raison de son empeschement(1) ». La formule du serment est, bien entendu, sacramentelle, mais elle varie d'ailleurs suivant les affaires, et n'est pas la même pour les deux parties ni pour les co-jureurs (2). Il ne suffit pas de dire les mots de la formule, il y a encore la manière de les prononcer et le ton. On doit parler « al entende d'eschivins ». Celui qui bredouille, baisse la voix ou manque, d'une manière quelconque, *in idiomate vel in forma*, perd son procès (3). Le bègue, l'étranger, qui ne parle pas le dialecte picard ou le parle mal, est affranchi de ces exigences, s'il a pris soin de déclarer à l'avance « qu'il euist empeeschement en le langhe de bauber ou qu'il ne seuist mie bien le langage pickart ou qu'il n'en seuist mieut (4) ».

Ce droit rigoureux se retrouve aussi dans la coutume de Reims, et, chose curieuse, il s'y était maintenu même à une époque où l'ensemble de la procédure s'était déjà transformé sous l'influence du droit canonique : on le trouve encore dans la première rédaction de cette coutume qui est antérieure à 1419. Mais à Reims comme ailleurs, le droit canonique finit par faire tomber tout ce vieux formalisme. Déjà auparavant on avait essayé d'en adoucir les rigueurs. On se rappelle que l'intervention des prolocuteurs avait permis d'é-

(1) Roisin, 32, n° 5.
(2) On trouvera les différentes formules dans Roisin, 34 et suiv.
(3) Ordonnance de 1350.
(4) Roisin, 32, n° 5.

carter la règle de l'irrévocabilité de la parole prononcée par la partie ou par le témoin : comme on ne pouvait pas rétracter sa propre parole, on faisait parler aux lieu et place de la partie ou du témoin un prolocuteur, et si celui-ci se trompait, on avait le droit de rectifier son dire. Mais ce droit d'amendement ne pouvait s'appliquer au cas de serment, car celui-ci devait nécessairement être prononcé par la personne elle-même. Aussi n'y eut-il pas d'amendement du serment tant qu'il ne fut pas permis de revenir sur sa propre parole. Toutefois si le prolocuteur ne pouvait pas, comme tel, assister son client, c'est-à-dire parler pour lui, il avait le droit de le diriger de ses conseils. Les franchises de Lille nous apprennent que le prolocuteur prend, en pareil cas, le nom de *presentere*, parce qu'il présente la partie à la cour à l'effet de demander l'autorisation de prêter serment. Si l'autorisation est accordée, il indique à la partie comment elle doit placer la main ; après quoi il s'écrie: « Metes sus, si tenes tout coit (1) » La partie doit alors mettre la main droite sur les reliques, le pouce rentrant sous la main, et prononcer la formule du serment (2). Les femmes jouissaient d'un privilège particulier. Elles n'étaient pas dispensées des formalités ordinaires, mais comme par tempérament elles n'avaient pas le calme nécessaire pour s'y soumettre, le *presentere* mettait sa main sur la leur à l'effet de la fixer dans la situation voulue. Cette faveur est motivée sur ce que « femme est de hastive et de volage corage plus que li hom ne soit (3) ».

Tout ce formalisme de la procédure féodale avait aussi donné naissance à des incidents qui avaient, le plus souvent, pour objet d'en diminuer les dangers. Les plus importants de ces incidents portaient le nom de cautelles. Ainsi d'après les usages de la cité d'Amiens (art. 44), la partie pouvait demander au juge de l'instruire sur la manière de remplir les solennités prescrites et même obtenir un jugement déterminant les formalités à remplir. Par exemple, dans le doute, on

---

(1) Du latin *quietus*.

(2) Roisin, 34, n° 11.

(3) Roisin, 31, n° 1. Sur les privilèges des femmes dans le droit allemand, cpr. Siegel, Erholung, 29 et suiv.

demandait au juge avec quelle armure il fallait se présenter au combat judiciaire. Si l'on se trompait d'armure, on perdait en effet son procès ou bien, d'après certaines coutumes, il fallait combattre en chemise, ce qui revenait au même (1). D'autres fois la partie ne pouvant se procurer elle-même des conseils, en demandait à la cour, au juge qui était obligé de lui en désigner parmi les hommes de la cour (2). Mais cette demande de conseil devait être faite dès le début de l'affaire ; autrement l'adversaire aurait pu s'y opposer (3). C'était un devoir pour l'homme de la cour désigné comme conseil par le juge, de remplir cette mission : celui qui y aurait manqué aurait été exclu de la chevalerie, traité comme homme déloyal et son fief aurait fait retour au seigneur (4). Le nombre des conseils qu'une partie pouvait obtenir variait suivant les coutumes. Ces conseils rendaient de grands services aux plaideurs, non seulement à cause de leur connaissance spéciale des finesses de la procédure, mais encore et surtout parce qu'ils ne perdaient pas leur rôle de juges. Après avoir assisté une partie, chaque conseil pouvait prendre part au jugement et on espérait qu'il se montrerait favorable à celui qu'il avait assisté de ses avis (5). Mais bientôt ce cumul des fonctions de conseil et de juge donna lieu à de graves abus qu'il fallut réprimer ; dans certaines coutumes il fut permis à l'adversaire de récuser le conseil de l'autre partie ; ailleurs il y eut incompatibilité nécessaire (6).

Un autre incident pouvait être provoqué par les erreurs du prolocuteur. Nous avons déjà dit plusieurs fois qu'on ne pouvait pas revenir sur sa propre parole. Mais on avait le droit de rétracter ou de modifier ce qui avait été dit par l'intermédiaire du prolocuteur : c'était l'amendement de la parole. Il est probable qu'à l'origine ce droit d'amendement n'existait

(1) Beaumanoir, XX, LXIV, 2. — Cpr. Brunner, op. cit.

(2) Ducange, v° consilium. — Beaumanoir, V, 19.

(3) Jean d'Ibelin, ch. 16.

(4) Assises de Jérusalem, livre aux rois, ch. 24 (Beugnot, I, p. 622).

(5) Jean d'Ibelin, ch. 28. — Abrégé de la cour des bourgeois, 2° partie, ch. 40.

(6) Beaumanoir, LXXVII, 17. — Roisin, 494.

qu'autant que le prolocuteur avait dépassé les limites de son mandat. C'est ce qui semble bien résulter de la *Summa de legibus* (1). En présentant son prolocuteur à la cour, la partie peut faire la déclaration suivante : « *Iste debet loqui pro me contra talem ; ipsum audiatis et cum me proposuerit quod injunxi, ipsum garantizabo.* » Par cette déclaration, la partie limite le mandat du prolocuteur et ne s'engage que dans la mesure indiquée : si le prolocuteur a dépassé cette mesure, on peut donc l'établir et désavouer le mandataire. Dans la suite on alla plus loin et on permit, d'une manière absolue, l'amendement de la parole du prolocuteur sans qu'il fût nécessaire d'accuser celui-ci d'excès de pouvoir (2). Enfin la partie fut autorisée, sous certaines conditions, à amender ses propres paroles (3).

Tous ces incidents qui tenaient au formalisme de la procédure féodale disparurent sous l'influence du droit canonique.

D. *Jugement.* — L'instruction terminée, on arrivait au jugement. Les décisions des cours féodales s'appelaient esgarts ou jugements ; ce dernier terme était particulièrement employé pour la décision qui mettait fin au litige. On appelait connaissance l'enquête judiciaire ordonnée sur l'affirmation de l'une des parties ; conseils, les ordres de la cour qui précédaient le jugement (4). Sous l'influence de la pratique royale, cette terminologie fut modifiée. Au parlement de Paris on distinguait quatre sortes de décisions, *arresta, judicia, consilia, præcepta* ou *mandata* (5). Les *arresta* étaient les décisions rendues dans la chambre des plaids ou grande chambre après plaidoiries publiques. On appelait *judicia* les décisions rendues à la suite d'une instruction par écrit ou d'une enquête faite par un juge commissaire ; elles étaient prononcées à *huis clos*

---

(1) I, 66, § 1.

(2) Assises de la cour des Bourgeois, ch. 133. — De Fontaines, XI, 8. — Beaumanoir, V, 9.

(3) On trouvera de grands détails sur cette procédure d'amendement dans l'ouvrage déjà cité de Brunner.

(4) Abrégé des assises des bourgeois, ch. 3. — Beaumanoir, XLIV. — Olim, I, 1-1/6.

(5) Ducange sur Joinville, Diss. II. Des plaits de la porte.

dans la chambre. Les *consilia* ou délais étaient les décisions ordonnant un appointement pour les affaires qui n'étaient pas encore en état d'être jugées. Enfin les *præcepta* ou *mandata* consistaient dans les ordres que le parlement donnait à ses juridictions inférieures; *injunctum est Baillivo,* etc. Dans la suite, on appela *arresta* ou arrêts; les décisions des cours souveraines et le nom de jugement ou sentence (*judicium*) servit pour désigner les décisions des autres juridictions.

La distinction des jugements en définitifs ou avant dire droit, inconnue en droit romain, a été introduite par le droit canonique (1) dans notre ancienne procédure ; mais les canonistes ne distinguent pas les interlocutoires et les préparatoires ; de là est probablement venue l'obscurité qui règne sur ce point dans notre ancien droit et qui n'a pas complètement disparu du code de procédure. Le droit canonique ne veut pas d'ailleurs que l'interlocutoire lie le juge (2), tandis que le droit féodal et le parlement de Paris se prononcent en sens contraire (3).

Le droit canonique n'exige pas que les jugements soient motivés, à moins qu'il n'existe une raison particulière (4) et c'est bien probablement sous son influence que nos anciennes cours de justice ont perdu de bonne heure l'habitude de donner les raisons de leurs décisions.

Quant au contenu des jugements, il variait naturellement à l'infini, suivant la nature des affaires ; mais il était déjà interdit aux juges de statuer *ultra petita* et il leur était ordonné de former leur conviction d'après les seuls éléments de la cause. Il y avait aussi dans les jugements des condamnations accessoires qui se retrouvaient presque toujours ; telle était notamment la condamnation aux dépens. Cette condamnation était inconnue dans la procédure féodale qui était, en général, peu coûteuse. On ne connaissait même pas la condamnation aux dépens dans les affaires jugées sans combat. Les dépenses occasionnées par le procès, comme par exemple

---

(1) C. 1. De sequestratione, 2, 6, ad Clem. Gloss. in v° Definitiva.
(2) C. 60, X, De appellationibus, 2, 23.
(3) Voy. sur l'origine de la maxime célèbre, un article de Rodière dans le *Journal des avoués,* t. 72, p. 705.
(4) C. 16 et 18, X, De sententia, 2, 27.

les frais de voyage, les pertes de temps, étaient considérées comme des préjudices indirects ; or, il était de principe qu'on ne pouvait accorder de dommages-intérêts que pour le préjudice direct. Mais à défaut de dépens, le perdant était puni envers la justice ; il devait payer une amende au seigneur et à ses assesseurs(1). Toutefois les écritures s'étant introduites, les procès ne tardèrent pas à coûter fort cher, et on emprunta aux justices d'église l'habitude de condamner le perdant aux dépens, même d'office (2). Ce procédé était fort populaire par cela même qu'il assurait au gagnant la réparation de tout le préjudice résultant de frais souvent énormes. La condamnation aux dépens entra d'abord dans les usages des pays de droit écrit et fut ensuite consacrée et étendue aux pays de coutume par une ordonnance de Charles le Bel, de 1324 (3).

Le jugement contenait aussi souvent condamnation à des amendes. Sous ce rapport, la procédure féodale était fort dangereuse, car, sous prétexte d'imposer de la diligence aux parties, en réalité pour enrichir le seigneur et les juges de sa cour, on avait multiplié ces peines pécuniaires : amende contre la partie qui ne répondait pas à la première assignation ; amende contre celle qui niait un fait qu'on prouvait plus tard contre elle ; amende contre celui qui interjetait appel à tort ; amende contre la partie qui n'était pas présente au moment du jugement sur le fond(4). Sous l'influence du droit canonique, la condamnation aux amendes devint beaucoup plus rare. Elle s'est cependant conservée dans certains cas, et l'influence du passé a été si puissante, que quelques-unes de ces amendes ont passé jusque dans le code de procédure : telle est l'amende de fol appel.

(1) Marculfe, formules I, 50. — Statuts de Salon, dans Giraud, I, 254. — Lois de Beaumont, ch. 32.

(2) L'ordonnance de 1667 consacre encore ce principe : mais aujourd'hui il est généralement admis que la condamnation aux dépens ne peut pas être prononcée d'office.

(3) Voy. sur ce point un travail de Sacase, dans le Recueil de l'Académie de Toulouse, IV. p. 28 et suiv.

(4) Lois de Beaumont, ch. 32. — Beaumanoir, XLIII, 29. — Leges municipales Arelatis, art. 1, 4, 5, 7. — Statuts de Salon dans Giraud, II, 254. — Coutume de Beaune, art. 11. — Ancienne coutume de Bretagne, ch. 59.

E. *Voies de recours.* — Les moyens de recours étaient seulement en voie d'organisation pendant notre période. Ceux qu'on a plus tard appelés les voies de recours extraordinaires ont une origine et des caractères exclusivement français ; l'opposition a sa source dans le droit canonique ; enfin on peut faire remonter l'appel au droit féodal, mais il n'a été définitivement organisé que sous l'influence du droit canonique.

On sait qu'en cas de déni de justice du seigneur, le vassal avait le droit de se plaindre d'une violation du lien féodal et de porter sa plainte au seigneur immédiatement supérieur; mais il ne s'agissait pas là d'un appel véritable. De même l'ancienne plainte, connue sous le nom d'appel de faux jugement, ne constituait pas non plus un appel dans le sens ordinaire de ce mot, mais en réalité une provocation au combat judiciaire : l'appelant soutenait que la solution de tel juge ou de la cour était fausse, déloyale et menteuse. Cette accusation pouvait être portée soit contre un ou quelques-uns des juges, soit contre toute la Cour. Il fallait qu'elle fût lancée de suite, au moment même où l'avis était donné, le jugement prononcé, et l'accusateur devait faire l'offre du combat et la remise du gage de bataille. Faute de joindre les actes aux paroles, la partie « *apele nicement* » et encourt à ce titre une amende à laquelle Beaumanoir essaie même d'ajouter de la prison (1). Cette obligation d'appeler *illico* ex stait aussi en Allemagne, et elle s'est conservée en France, même après la suppression du combat judiciaire (2). Le plaideur avait-il attaqué un ou quelques-uns des juges à mesure qu'ils émettaient leur avis, et triomphait-il dans le combat judiciaire contre eux, chaque juge qui succombait était condamné à payer une amende au seigneur ; il perdait le droit de siéger à l'avenir : la sentence était annulée. Était-ce au contraire la partie qui succombait en appel, elle était condamnée à une amende envers ses juges et perdait son bien (3). Le plaideur

---

(1) Beaumanoir, LXI, 39, 51.
(2) Stylus Parlamenti, I, cap. 20, § 2. — Coutumes notoires, art. 166 ; Loisel, inst. cout., II, 235.
(3) Beaumanoir, loc. cit. — Etablissement de saint Louis, I, 78, 71.

attendait-il que tous les juges eussent donné leur avis et que la sentence ait été rendue pour attaquer celle-ci comme fausse, il s'agissait alors de savoir si le seigneur avait violé envers son vassal un devoir féodal, et l'affaire était portée à la cour du seigneur immédiatement supérieur. Le demandeur réclamait devant cette cour la rupture du lien féodal pour violation d'un devoir du seigneur envers son vassal. Si le plaideur triomphait dans le combat judiciaire, alors la sentence tombait, et le seigneur attaqué perdait ses droits vis-à vis du vassal ; si c'était au contraire le vassal qui succombait, alors la sentence restait debout, le vassal était condamné à une amende et perdait les droits qu'il avait reçus de son seigneur (1).

Dans le Beauvoisis, l'appel était toujours valable, même si les juges avaient été unanimes, sauf à se battre alors contre tous. Au contraire, dans le Vermandois, il fallait au moins cinq hommes pour concourir au jugement et l'appel ne pouvait être interjeté qu'autant qu'abstraction faite de celui qui rendait le jugement, il n'y avait pas plus de trois hommes de son avis (2). D'ailleurs, on retrouve, dans tout cet appel, le même formalisme que pour les autres parties de la procédure et, par exemple, si l'on accepte sur un point quelconque une nouvelle décision de ceux dont on a attaqué le jugement, on est par cela même considéré comme renonçant à son appel (3).

On peut encore appeler contre le serment de l'adversaire ou de l'un des témoins. D'ailleurs, la procédure reste la même que dans le cas d'appel dirigé contre le jugement ; c'est le combat judiciaire que l'on emploie pour constater la sincérité ou la fausseté du serment attaqué. Ici encore reparaît le formalisme du droit féodal : il faut interjeter appel à un moment précis, en suivant rigoureusement les pantomimes déterminées par la loi. Nous connaissons ces anciennes formes par Jacques d'Ibelin, par l'ancienne coutume des gages de bataille d'Amiens, par les anciennes

---

(1) Beaumanoir, LXI.
(2) De Fontaines, XXI, 39. — Cpr. Jean d'Ibelin, ch. 110.
(3) Beaumanoir, LXVI, 15. — De Fontaines, XXII, 2.

constitutions du Châtelet (1). Les juristes français de l'Orient discutaient très vivement sur le point de savoir à quel moment précis l'appel devait être interjeté contre le serment du témoin. Philippe de Navarre (2) et Geoffroy le Tort (3) voulaient que la partie saisît le témoin et appelât contre lui aussitôt que celui-ci s'était agenouillé pour prêter serment. Jean et Jacques d'Ibelin (4) pensaient au contraire que l'appel devait être formé immédiatement après le serment et avant que le témoin se fût relevé. On ne peut, en effet, être accusé de parjure qu'après avoir prêté serment.

La condition des serfs s'étant beaucoup améliorée, on leur reconnut le droit, non seulement de demander justice à la cour de leur seigneur, mais encore d'attaquer les sentences injustes de leur seigneur à la cour immédiatement supérieure ; il leur était permis ou d'accuser le seigneur de faux ou de se borner à demander amendement du jugement (5). Dans les deux cas, devant le juge supérieur, l'affaire se vidait, non pas au moyen du combat judiciaire, mais par la procédure ordinaire ; seulement, dans le premier cas, si la partie succombait, comme elle avait accusé son premier juge à tort, elle était condamnée à une amende plus forte que dans le second cas. Cette procédure, comme on le voit, se rapprochait de l'appel tel que nous le comprenons aujourd'hui. Aussi servit-elle de point de départ à la révolution du XIIIᵉ siècle. La réforme partit des pays du Midi qui connaissaient l'appel ordinaire admis par le droit canonique (6). Mais elle fut beaucoup plus lente dans les pays du Nord. Saint Louis travailla de toutes ses forces en sa faveur ; mais ses

(1) Jacques d'Ibelin, ch. 20. — Anciennes constitutions du Châtelet, art. 58. On les trouvera exposées dans l'étude déjà citée de Brunner.

(2) Ch. 10, Beugnot, Assises, I, 483.

(3) Ch. 23. Beugnot, Assises, I, 441.

(4) Jean d'Ibelin, ch. 74 ; Jacques d'Ibelin, ch. 20 (Beugnot, Assises, I, 119 et 460).

(5) Pierre De Fontaines, XXI, 10. — Établissements de saint Louis, I, 78, 81.

(6) Voy. ordonnance de 1254 pour le Languedoc. — Statuts de Petri de Ferraris ; leges municipales Arelatis ; ancienne coutume de Bourgogne, tous trois dans Giraud, II, p. 54, 188, 284.

efforts ne réussirent pas complètement et aboutirent à un état provisoire, à une procédure mixte dont nous trouvons de nombreuses traces dans les établissements de saint Louis et les autres coutumiers de l'époque, ainsi que dans De Fontaines et Beaumanoir. D'ailleurs, à mesure que les bailliages, les sénéchaussées, les prévôtés s'étendaient sur tout le royaume, le besoin d'une hiérarchie judiciaire se faisait de plus en plus sentir. Les *Olim* nous font assister aux efforts des hommes de loi pour introduire devant le Parlement de Paris, et en faveur du pouvoir royal, les appels de toutes les juridictions de la France, royales, féodales, seigneuriales, municipales. On avait organisé au Parlement une procédure spéciale pour tous ces appels (1). On sait combien le développement de l'appel contribua à assurer la suprématie des justices royales.

Pour bien comprendre la procédure d'appel, il faut se placer d'abord dans la période transitoire des XIVᵉ et XVᵉ siècles et rapprocher le droit canonique de nos pratiques judiciaires.

Le droit canonique emprunta l'appel au droit romain de l'époque impériale; mais plus d'une fois on s'écarta du système des Romains. Ainsi, à Rome, on considérait la dignité et non pas le nombre des magistrats, de sorte que les juges du second degré pouvaient être inférieurs en nombre à ceux du premier. De très bonne heure, au contraire, les canons de l'Église voulurent que les juges du second degré fussent plus nombreux (2). Ce furent les fausses décrétales qui fixèrent les bases des divers degrés de juridiction et permirent même de s'adresser directement au pape (3). Les appels devinrent très fréquents. D'ailleurs, on ne les considérait pas comme portant atteinte à l'honneur du juge, c'était l'exercice

(1) Voy. les Olim, I, 200, 284, 293, 370, 402, 443, 453, 553, 267, 591, 731, 802, 929 ; II, 37, 39, 41, 44, 104, 148, 210, 278, 283, 318, 388.

(2) Le second concile de Constantinople décide déjà que les sentences des synodes provinciaux seront portées devant les synodes diocésains qui étaient plus nombreux, puisque chaque diocèse comprenait plusieurs provinces. — Cpr. Rocco, Jus canonicum ad civilem jurisprudentiam quid attulerit, § 11 (Palermo, 1839).

(4) Fleury. Institutions au droit ecclésiastique, ch. 23.

d'un droit, une conséquence de la hiérarchie judiciaire (1). Cette notion de l'appel se substitua aussi chez nous au caractère, offensant pour le juge, que lui avait donné le droit féodal.

En principe, tout jugement était susceptible d'appel, à moins qu'il n'existât une exception formelle dans la loi, et toute personne qui se prétendait lésée avait le droit d'appeler, même un tiers (2). A l'origine, il était même permis d'appeler de suite des avant-dire droit (3) ; mais, les abus ayant apparu, il fut admis qu'on ne pourrait appeler d'un jugement rendu dans le cours d'une instance, tant que le jugement définitif n'aurait pas été prononcé, comme le voulait déjà le droit de Justinien, et cette règle, plus tard écrite dans le concordat entre Léon X et François Ier, a été de nouveau confirmée par le concile de Trente (4).

L'appel peut être fait de vive voix, à l'audience, au moment même de la prononciation du jugement ; cette déclaration est enregistrée par le notaire à la suite de la sentence. La partie a t-elle négligé de prendre cette forme, elle doit, dans les dix jours du jugement, présenter au juge qui l'a rendu, un acte écrit où elle déclare qu'elle forme appel. Ce dernier mode est seul employé lorsqu'on appelle, non pas d'un jugement définitif, mais d'un interlocutoire ou de tout acte semblable du juge par lequel on se prétend lésé. En outre on exige aussi dans ce dernier cas, à la différence de ce qui a lieu pour l'appel d'un jugement définitif, que la partie fasse connaître ses griefs contre l'interlocutoire et c'est pour ce motif que l'acte d'appel doit être rédigé par écrit (5). On a dix jours pour interjeter appel ; les parties, du jour où la sentence a été rendue ; les tiers, du jour où ils en ont eu connaissance. Le délai court *de momento ad momentum* (6). De plus

(1) C. Hoc etiam, 37, c. 2 ; qu. 6.
(2) C. 11, 21, 43, 53, 71, X, De appellationibus, 2, 28.
(3) C. 10, X, De appellationibus, 2, 28.
(4) Sess. 24, c. 20, De reform.
(5) Pour plus de détails sur ce point, Fournier, Les officialités au moyen âge, p. 221.
(6) C. 15, X, De sententia, 2, 27. — C. 8, De appellationibus, 2, 15, n° 6. — Speculum juris de appellationibus, § 5.

l'appelant doit, sous peine d'être considéré comme désertant son appel, se faire délivrer, dans les trente jours, des lettres démissoires (apôtres) par le juge du premier degré et les remettre à celui du second (1). Le juge *a quo* admet l'appel et délivre les lettres démissoires s'il en tient les motifs pour sérieux; si, au contraire, il les juge frivoles, il refuse les apôtres, mais au risque d'encourir les peines prévues par le droit civil et les canons si le juge d'appel déclare plus tard les motifs sérieux (2).

L'appel était dévolutif et suspensif. L'affaire était portée au juge du degré immédiatement supérieur. Le droit canonique n'admettait pas qu'on pût appeler *omisso medio* (3). A l'origine on admit que l'appel pouvait être porté directement au pape (4), mais nous avons déjà dit qu'en France les rois avaient repoussé cette doctrine dans leurs conventions avec le Saint Siège. Le droit canonique ne voulait pas non plus que la même partie pût interjeter plus de deux appels successifs. Ainsi celui qui avait succombé devant l'archidiacre pouvait porter la cause en appel devant l'évêque et, s'il succombait encore, s'adresser ensuite au métropolitain, mais alors il avait épuisé ses droits et il lui était interdit de former un troisième appel devant le primat ou devant le Saint Siège (5). On ne pouvait pas non plus priver un plaideur du premier degré de juridiction (6) et cette règle a été confirmée par le concile de Trente (7). Mais le droit canonique permit de tourner cette règle au moyen des évocations à la cour de Rome et on sait avec quel empressement nos anciens grands corps judiciaires se sont emparés de ce moyen d'augmenter leur influence.

L'appel était aussi suspensif: mais alors qu'en droit romain cet effet était de l'essence de l'appel (8), en droit canoni-

(1) C. 1 et 4, De appellationibus, 2, 15, in 6e. — Clem. 2, De appellationibus, 2, 12.

(2) Cpr. Fournier, op. cit., p. 222.

(3) C. , De consuetudine, 1, 4, in 6e; ve Officialis. — C. 66, X, De appellationibus, 2, 28. — C. 9, X, De officio judicis ordinarii, 1, 31.

(4) C. 2, qu. 6 c. 8

(5) C. 6 , X, De appellationibus, 2, 28.

(6) C. 39, C. qu. 1.

(7) Sess. 34, De reformationibus, cap. 20.

(8) Const. C., De re judicata, 7, 12.

que il devient de sa nature (1). L'Église admet, dans certaines causes sommaires, l'exécution provisoire nonobstant appel et même nonobstant opposition.

Devant le juge supérieur, la demande s'introduit sous forme de requête où l'on prie le juge d'admettre cet appel. A la requête on doit joindre un écrit contenant les grefs articulés contre le jugement. Le juge examine s'il doit admettre l'appel (2). En cas d'affirmative, il est saisi du procès et, tout étant remis en cause, l'appel profite à la fois aux deux parties, mais les canonistes décident déjà qu'en cas d'appel partiel, la partie du jugement non attaquée reste debout et ne peut être modifiée par le juge supérieur. Les parties peuvent invoquer des moyens nouveaux en cause d'appel, mais il leur est interdit de proposer des prétentions nouvelles (3).

Si le juge d'appel confirme la première décision, celle-ci revit ; aussi les difficultés d'exécution seraient portées devant le premier juge ; au contraire, quand la sentence est réformée, c'est le juge d'appel qui connaît de ces difficultés (4).

On aura plus d'une fois reconnu, dans ces dispositions, des articles du code de procédure. Mais il ne faudrait pas croire que les règles du droit canonique aient toutes passé en bloc et à la fois dans notre ancienne pratique judiciaire. Ce changement s'est, au contraire, opéré lentement, par morceaux, et différemment suivant les pays. Sous l'influence du droit romain, les pays de droit écrit ont bien plus facilement accepté la procédure canonique qui s'était formée en grande partie avec le droit des empereurs et de Justinien. Ainsi, aux quatorzième et quinzième siècles, le droit d'appeler appartenait à toute partie qui avait succombé pourvu qu'elle n'eût pas exécuté volontairement le jugement et dans le Midi, sous l'influence du droit canonique, on permettait l'appel immédiat contre tout jugement d'avant dire droit. C'était là une cause de lenteurs que plusieurs ordonnances, notam-

---

(1) C. 3 et 26, X, De appellationibus, 2, 28. — C. 13, X, De officio judicis ordinarii, 1, 31.

(2) C. 38, X, De appellationibus, 2, 28.

(3) C. 59 et 61, X, De appellationibus, 2, 28. — Dpr. art. 473, du c' de pr. civ.

(4) Cpr. Fournier, op. cit. p. 222.

ment celle de 1391, cherchèrent à faire disparaître en intro dui-
sant dans le Midi la pratique du Nord. Dans cette dernière
partie de la France, on ne pouvait appeler de suite d'un interlocutoire qu'autant qu'il produisait un *gravamen irrepara-
bile* (1). Dans certains pays du Nord, on admettait un appel
spécial sous le nom d'appel volage, qui n'était autre que l'exception d'incompétence portée au tribunal supérieur
sous une forme beaucoup plus simple que celle de l'appel
ordinaire.

La procédure d'appel commençait par la dénonciation de
l'appel à la juridiction dont la décision était attaquée. Dans le
Nord, on s'en tenait à cet égard aux formes de la procédure
féodale ; la partie qui voulait interjeter appel devait le faire
oralement et de suite (*illico*) au moment même de la prononciation de la sentence (2). Cette forme de l'appel tenait à
ce que le jugement était oral. Dans le Midi, au contraire, où
l'on avait pris de très bonne heure l'habitude de constater les
jugements par écrit, on interjetait appel par acte écrit dé-
posé au greffe (3).

L'appel ayant été interjeté, l'appelant devait lancer son
ajournement pour faire arriver l'affaire devant le tribunal
supérieur. Le délai qu'on lui donnait à cet effet variait suivant les coutumes ; il était ordinairement de quarante ou cin-
quante jours (4). Une ordonnance de 1330 décida que la partie devait renouveler l'appel interjeté, dans les trois mois,
par exploit d'ajournement, sous peine d'être considérée comme
se désistant. Cet exploit se faisait dans la forme ordinaire.
Pour les appels portés au parlement, on exigeait un arrêt
préalable d'admission ou des lettres de chancellerie qui donnaient à un huissier commission d'assigner(5). Cet ajournement
était suivi de la présentation, c'est-à-dire de la comparution
des parties ou de leurs représentants dans un certain délai au

(1) Stylus Parlamenti, XXXII. — Demares, 318.

(2) Stylus Parlamenti, XX, 2 — Grand coutumier, livre III, ch. 27. —
— Masuer, tit. 35, n°° 20 et 21.

(3) Stylus Parlamenti, XX, 3.

(4) Assises romaines, ch. 196. Leges municipales Arelatis, art. 8.

(5) Johannus Gallus, quæst. 71, 79, 125.

greffe pour y renouveler l'appel en due forme. Si l'appelant ne se présentait pas, la sentence attaquée passait en force de chose jugée ; si c'était son adversaire qui faisait défaut, il était seulement condamné aux frais et il fallait le réassigner, mais cette réassignation était péremptoire (1). On appelait aussi devant le juge supérieur le juge inférieur dont était appel, pour qu'il y défendît son jugement, non plus par le combat judiciaire, mais par de bonnes raisons. Ce juge était ajourné avec l'adversaire de l'appelant et celui-ci prenait le nom d'intimé comme le juge attaqué celui d'ajourné. Cette pratique fut observée dans le Nord de la France jusqu'au quinzième siècle, mais on la repoussa presque toujours dans le Midi et au quinzième siècle, sous l'influence du droit canonique, on adopta dans le Nord le même système ; à partir de cette époque, le juge inférieur cessa d'être partie en cause d'appel (2).

La procédure devant les tribunaux d'appel était orale ou écrite. En principe, la présentation était suivie des plaidoiries et l'instruction se terminait là. Mais quand des pièces ou des actes avaient été produits devant le tribunal inférieur, alors l'affaire devait être jugée sur rapport et le plus souvent on ordonnait aux parties de faire connaître leurs griefs par écrit (3). On admettait dans le Midi que des demandes nouvelles pouvaient être portées en cause d'appel, mais cette règle était rejetée dans le Nord (4). D'ailleurs la procédure orale ou écrite était soumise en appel aux règles ordinaires (5). Y avait-il lieu d'ordonner une mesure d'instruction, par exemple une enquête, on en chargeait les auditeurs (commissaires) (6). De même, le jugement était rendu suivant les formes du droit commun ; il y avait seulement quelques règles spéciales pour l'amende. Quand l'appelant succombait, il était condamné à payer l'amende de fol appel dont la somme variait suivant l'état de l'appelant et suivant le rang des juges dont on avait ap-

---

(1) Stylus Parlamenti, cap. V et VI.
(2) Bouteiller, liv. I, tit. 3.
(3) Stylus Parlamenti, V, XXIV., 4. — Bouteiller, liv. I, tit. 3.
(4) Stylus Parlamenti, XXIV, 1, 2. — Demares, 8, 330, 335.
(5) Stylus Paramenti XXIV, 7.
(6) Stylus Parlamenti XXVII. — Bouteiller, loc. cit.

pelé (1). Si l'appelant triomphait, le juge inférieur ou ses assesseurs ou suppléants devaient payer une amende dont la somme variait depuis soixante sols jusqu'à soixante livres. Toutefois, ces sortes de pénalités ne pouvaient être prononcées que contre les juges seigneuriaux inférieurs et jamais contre les juges royaux (2).

L'opposition et les voies de recours extraordinaires existent à peine en germe pendant cette période et c'est seulement sous la suivante qu'elles seront soumises à des règles précises. Nous reviendrons plus tard sur l'opposition. Disons seulement deux mots des voies de recours extraordinaires. Tout en consacrant le principe du dernier ressort au profit du parlement, dans son article 12, l'ordonnance de 1302 reconnut que, dans certains cas, il serait juste de corriger, de rétracter ou même d'annuler les arrêts. C'est pourquoi l'ordonnance ajouta que quand il y aurait lieu à correction, interprétation ou révocation d'un arrêt du parlement, ce droit appartiendrait au roi, à son Conseil commun ou à la plus grande partie de son Conseil ainsi qu'il lui plairait de le déterminer par une permission spéciale. Ce texte était fort vague et plein d'obscurité. Aussi une ordonnance de 1344 de Philippe de Valois le compléta et le précisa (3). D'après cette ordonnance, les requêtes en interprétation ou en rétractation des arrêts devaient être adressées au Conseil du roi. Si celui-ci les jugeait dignes d'être prises en considération, l'affaire était renvoyée au parlement ; le roi s'y rendait et la cour, en présence du prince, réformait sa propre sentence. Cette ordonnance avait aussi pour objet de mettre fin à des abus qui s'étaient introduits. Mais elle n'y parvint pas. Les requêtes en rétractation des arrêts devaient contenir les propositions d'erreur et si le Conseil les admettait, l'affaire revenait alors au parlement. Mais, en pratique, on se dispensait d'indiquer les propositions d'er-

---

(1) Anciennes coutumes de Bretagne, art. 59. — Ordonnances de 1375 pour Clermont. VI, 142. — Ordonnance pour le Vermandois de 1368, . 140. — Voy. aussi l'ordonnance de 1407, IX, 208.

(2) Marnier, Coutumes notoires de Picardie, p. 72. — Stylus parlamenti, loc. cit. — Demares, 53.

(3) Dans Isambert, IV, p. 484.

reur et le Conseil, au lieu de renvoyer l'affaire, la gardait devant lui ; on obtenait ainsi des réformations d'arrêts ou la suspension de leur exécution sans motifs sérieux. Des ordonnances de Charles V et de Charles VI nous montrent que la royauté était impuissante pour arrêter les évocations au Conseil (1) et nous verrons qu'il en sera longtemps de même encore sous la période suivante.

F. *Voies d'exécution*. — Dans le droit canonique, les modes d'exécution varient suivant qu'il s'agit d'actions réelles ou personnelles. En matière réelle, le demandeur qui a triomphé peut exécuter le jugement et par exemple se faire restituer l'immeuble revendiqué dès que les délais d'appel sont expirés et s'il n'y a pas appel. En matière personnelle, l'exécution ne peut pas être poursuivie pendant les quatre mois qui suivent le jugement ; mais le juge a le droit d'abréger ce délai au profit du créancier ou de l'allonger au profit du débiteur, suivant les circonstances. Les quatre mois expirés, le créancier peut saisir d'abord les meubles, puis les immeubles, enfin les créances de son débiteur. Mais la saisie opérée, il se produit un nouvel arrêt sur la durée duquel les canonistes ne s'entendaient pas. On le fixait généralement à quatre mois. Ces délais étaient donnés au débiteur dans l'espoir qu'il trouverait, pendant ce temps, le moyen d'acquitter sa dette. Mais enfin s'il n'y parvenait pas, le juge autorisait le créancier à faire vendre les biens du débiteur ou à se les attribuer en paiement. Le juge d'église pouvait, en outre, employer les peines spirituelles, notamment l'excommunication, pour assurer l'exécution de ses sentences, et c'était même à ces armes qu'il recourait le plus fréquemment en France parce que le pouvoir royal lui refusait presque toujours le droit d'action sur les biens du condamné (2).

Dans les justices laïques, au moyen âge, on voulait que l'exécution d'un jugement eût lieu dans l'an et jour (3).

(1) Ordonnance du 23 juillet 1370 (Isambert, V. p. 316). — Ordonnance du 5 août 1389 (Isambert, IV, p. 680).
(2) Sur l'exécution des sentences de l'Eglise, voy. Tancrède, pars IV, tit. 4. Speculum juris de Durand, lib. II, pars 3.
(3) Coutumes notoires, 6, 44, 81. — Desmares, 148. — Grand Coutumier, liv. II, 17.

La signification était suivie d'un commandement. Si le perdant ne s'exécutait pas volontairement dans les délais du commandement, alors commençait l'exécution forcée proprement dite. On envoyait d'abord des garnisaires dans la maison du débiteur. Ces gardes, *mangiatores*, mangeurs, restaient chez le débiteur jusqu'au parfait paiement. C'était là un moyen de contrainte très fréquent au moyen âge, mais qui tomba peu à peu en désuétude (1).

Lorsque le débiteur ne payait pas, malgré le commandement, malgré les garnisaires, alors on saisissait et on vendait successivement ses biens, d'abord ses meubles, ensuite et seulement en cas d'insuffisance des meubles, ses immeubles ; enfin on exerçait la contrainte par corps (2).

La vente des meubles avait lieu aux enchères publiques (3). Après l'épuisement des meubles, on saisissait et on faisait vendre les immeubles au bout d'un certain délai, le plus souvent de quarante jours. La vente était faite aux enchères publiques et au moyen âge par le créancier ou par le sergent (4).

Lorsque le passif du débiteur dépassait son actif, on payait par préférence les créanciers privilégiés, puis les créanciers hypothécaires et enfin le reste se divisait « au marc la livre » entre les créanciers chirographaires qui venaient par contribution (5). Les débiteurs insolvables et de bonne foi pouvaient obtenir le bénéfice de cession qui les faisait échapper à la contrainte par corps (6).

Sauf cette exception, pendant plusieurs siècles, la contrainte par corps fut, même en matière civile, admise de droit commun contre tout débiteur roturier, dès que ses biens

---

(1) Etablissement de saint Louis, II, 21. — Beaumanoir, LIV.

(2) Coutume de Saint-Dizier, art. 283. — Ancienne Coutume de de Bourgogne, art. 263.

(3) Avec cette saisie-exécution, il ne faut pas confondre la saisie-arrêt ni la saisie-brandon.

(4) Etablissements de saint Louis, II, 2. — Beaumanoir, LIV, 8.

(5) Beaumanoir, XXXIV ; LIV, 6. — Boutellier, liv. I, tit. 46.

(6) Etablissement de saint Louis, II, 40. — Beaumanoir, LIV, 6. — Boutellier, liv. II, tit. 20.

n'avaient pas suffi à satisfaire les créanciers (1). Les clercs et les nobles n'étaient pas contraignables par corps : cette contrainte eût été une atteinte à l'inviolabilité de leur personne (2). Par contre, la contrainte par corps était très rigoureuse contre les roturiers. Le créancier avait le droit de s'emparer du débiteur et de le considérer comme sa chose jusqu'au parfait paiement, à charge de le nourrir et entretenir (3). Le débiteur devait éteindre la dette par ses services et son travail ; le créancier pouvait l'y contraindre en l'enchaînant, en le mettait au pain et à l'eau. Ces rigueurs disparurent insensiblement sous l'influence du droit canonique. De bonne heure plusieurs coutumes donnèrent des garanties au débiteur contre les abus du créancier (4). En 1256, saint Louis prohiba la contrainte par corps et ne la permit plus que pour dette envers le roi (5). Mais il ne semble pas que cette disposition ait jamais été observée, car les anciens jurisconsultes (6) et les ordonnances royales ont continué à présenter la contrainte par corps comme une voie d'exécution de droit commun. Toutefois on ne tarda pas à admettre, au nom de l'égalité, que les nobles et les clercs seraient soumis à la contrainte par corps comme les roturiers ; les femmes continuèrent à en être exemptées (7). C'est seulement sous la période suivante que la contrainte par corps deviendra une voie d'exécution exceptionnelle.

5. — La procédure française sous la période de la monarchie absolue jusqu'à l'ordonnance de 1667

A. *Caractères.* — Sous la période précédente de l'histoire du droit français, nous avons vu se former notre procédure

---

(1) Grand coutumier de Normandie, ch. 6. — Beaumanoir, XXIV, LV, 6. — Demares 67, 146. — Anciens usages d'Artois, IV.

(2) Jean d'Ibelin, 1 r, 118. — Coutume d'Alais, dans Beugno, p. 110.

(3) Jean d'Ibelin, ch. 116. — Assises des Bourgeois, ch. 39, 48.

(4) Montpellier, art. 35. — Olim, II, 840.

(5) Établissements de saint Louis, 21.

(6) Beaumanoir, XXIV, LIV, 6. — Demares, 67, 142. — Boutellier liv. 2, tit. 30.

(7) Johannus Gallus, quæst. 392.

française. Pendant la période qui correspond à peu près aux temps modernes, cette procédure se complète et se précise pour se résumer ensuite dans l'ordonnance de 1667. Les causes de sa formation sont aussi celles de son développement : nous allons retrouver ainsi que sous la période précédente, les mêmes sources, le droit canonique et les ordonnances royales. Mais tandis que l'influence du droit canonique avait été auparavant prédominante, ce sont maintenant les ordonnances royales qui jouent le rôle principal ; elles s'attachent avant tout à donner satisfaction aux vœux de la nation et n'hésitent pas, s'il le faut, à contredire les lois de l'Église. Ainsi le droit canonique avait rendu notre procédure secrète et écrite. Un troisième changement s'était même produit sous son influence : le latin s'était substitué au français. C'est dans cette langue que furent rédigés les jugements, les procès-verbaux des incidents, notamment ceux des enquêtes. Il est facile de voir les inconvénients d'un pareil changement : les parties et les témoins ne comprenaient plus rien à la procédure (1). Louis XII décida qu'à l'avenir, les actes de la procédure devraient être rédigés en langue vulgaire, c'est-à-dire dans la langue ou souvent dans le patois de la province où le procès s'élevait (2). Toutefois, comme les tribunaux supérieurs, notamment les parlements, ne comprenaient parfois rien au patois, François Ier, dans son ordonnance de Villers-Cotterets de 1539 (art. 111), prescrivit l'emploi de la « langue maternelle françoise », pour tous les actes de la procédure comme pour les testaments et les contrats, et cette disposition fut plus tard renouvelée par l'ordonnance de Roussillon, de 1563 (art. 35).

En France comme en Angleterre, le roi était considéré comme le principe du droit et la source de la justice. Dans les deux pays, les rois avaient perdu l'habitude de siéger dans leurs cours de justice. A l'époque où la Révolution éclata, le roi avait perdu l'usage de juger en personne, mais il continuait à remettre l'exercice de ce droit à sa cour des requêtes et à sa chancellerie qui constituait à

(1) Voy. à cet égard les observations de Dumoulin, II, p. 407.
(2) Ordonnance de 1510, art. 47.

6

la fois une cour de grâce et de justice. Toutefois le rôle du juge est resté en France bien différent de celui qu'on lui a donné en Angleterre et en Allemagne. Dans ces derniers pays, le juge a toujours pris une part fort active à la procédure ; c'était lui qui la dirigeait. En France, au contraire, on s'est toujours attaché à donner aux juges civils un rôle purement passif. La procédure s'accomplissait devant eux, mais ils n'y prenaient pas une part directe. Une ordonnance de Philippe de Valois, de 1344, défendait même aux juges de faire des observations aux plaideurs et de fonder leurs décisions sur des faits autres que ceux invoqués par les parties. Ce rôle du juge n'a pas changé chez nous et encore aujourd'hui, il est purement passif, tandis qu'en Angleterre le magistrat jouit des pouvoirs les plus étendus.

B. *Procédure dégagée d'incidents.* — Nous avons vu quelles furent, en France, les premières formes de l'ajournement sous la féodalité. La procédure s'étant transformée, elles ne tardèrent pas aussi à se modifier. L'ajournement par les pairs disparut comme le jugement par les pairs. On continua à décider que, par exception, les pairs de France seraient assignés devant le parlement par lettres du roi (1). Sauf ce cas on posa en principe que l'assignation serait faite par huissier ou par sergent, et des règles précises déterminèrent le mode de l'assignation. L'huissier se servait, dans l'exercice de ses fonctions, d'un bâton appelé verge. Pendant longtemps, les huissiers ne pouvaient instrumenter qu'avec une permission ou un ordre du juge. On sait qu'en Angleterre, il a toujours été nécessaire de se faire autoriser par la cour à appeler son adversaire en justice. Mais en France cette permission d'assigner était devenue une mesure purement fiscale *ad eruscandas pecunias*, comme disait Dumoulin. Aussi s'en affranchit-on de bonne heure dans les petites justices, à cause de la modicité des affaires. Là, disait-on, l'huissier a la commission dans sa manche. L'ordonnance de 1667 (tit. 2, art. 10) supprima aussi les commissions d'huissier dans tous les sièges royaux infé-

(Stylus parlamenti, cap. 3. De adjornamento parium Franciæ.

rieurs et ne les maintint que pour les cours et tribunaux jugeant en dernier ressort. Une déclaration de 1778 étendit la suppression jusqu'aux présidiaux, « afin de procurer un plus grand soulagement aux sujets du Roi ». L'huissier instrumentait verbalement ou par écrit, accompagné de témoins ou records. La présence de ces records était nécessaire à l'époque où l'ajournement était presque toujours verbal : en cas de procès sur le point de savoir si l'assignation avait été donnée, ces records confirmaient les dires de l'huissier. Toutefois on conçoit facilement que l'assignation verbale était bien insuffisante pour fixer le défendeur sur la personne de son adversaire, sur l'objet du litige, sur le juge compétent, sur l'époque de la comparution. Pour améliorer sur ce point la procédure, il suffisait d'adopter le système du droit canonique.

D'après le droit canonique, la citation est rédigée par écrit et notifiée par un officier public (1). On sait qu'à Rome l'assignation se faisait d'une manière purement verbale et que cet usage se maintint jusque sous Justinien, qui exigea une sommation écrite, signifiée par un *executor* (2). C'est à Justinien que l'Église a emprunté la forme écrite ; elle en fait une condition essentielle, au point que le jugement obtenu sans citation préalable écrite, serait absolument nul comme contraire à la règle que personne ne doit être condamné sans avoir été mis à même de présenter sa défense (3). La citation rédigée en original et copie contient : les noms du demandeur et du défendeur, l'objet de la demande, l'indication du lieu où l'on doit comparaître et du délai pour comparaître (4). Cet acte doit être fait à personne, mais il peut aussi être signifié à domicile, et le droit canonique met ainsi fin à une controverse soulevée par les textes du droit romain. Le tribunal compétent est celui du domicile du défendeur (5). Par dérogation au

(1) C. 11, X, De probationibus, 2, 19.
(2) Nov. 53, ch. 3.
(3) C. 2, L. 2, tit. 11, in Clem. — C. 1, X, De causa possessionis, 12.
(4) C. 2, Ut lite pendente, 2, 5, in Clem. — C. Vocationem, 1, cap. 5 quæst. 2. — C. 2, X, De dilationibus, 2, 8. — C. 13, X, De rescriptis, 3. — C. 24, X, De officio judicis delegati, 1, 29.
(5) C. 5 et 8, X, De foro competente, 2, 2.

droit romain, il est défendu d'assigner au lieu où l'obligation a pris naissance, à moins que le défendeur ne s'y trouve présent (1). Sauf quelques particularités, ne croirait-on pas lire des dispositions du code de procédure (2) ? C'est qu'en effet si l'assignation en justice fut, dans la pratique des cours laïques, purement verbale pendant des siècles, sous l'influence du droit canonique, elle subit, sous notre période, d'importants changements.

On commença par exiger que l'huissier fît connaître l'objet du litige au défendeur, non seulement dans les actions réelles immobilières, mais encore dans toutes les autres affaires (3). L'ordonnance de 1498 prescrivit formellement que les exploits d'ajournement fussent à l'avenir « donnés par écrit et libellés », c'est-à-dire qu'ils indiquassent en résumé l'objet du litige ; en pratique, on indiquait aussi les moyens de la demande. L'ordonnance de 1539 rappela la nécessité de rédiger les exploits par écrit ; mais il paraît que cette disposition ne fut pas encore observée, car dans l'ordonnance de 1667, on a soin de rappeler que pour pouvoir être sergent, il faut savoir lire et écrire. Du jour où les exploits durent être rédigés par écrit, on aurait pu supprimer la présence des records. Cette suppression ne fut pourtant prononcée que par l'ordonnance de 1667 et, par exception, les records furent encore maintenus précisément pour les exploits d'ajournement. Deux ans plus tard, les records furent supprimés, même dans ce cas, par un édit d'août 1669, qui établit à leur place la formalité du contrôle. C'était là une mesure purement fiscale, semblable à l'enregistrement de nos jours ; il est bien évident que l'accomplissement de cette formalité ne prouvait d'aucune manière la signification de l'exploit au défendeur.

La difficulté de trouver des huissiers sachant lire et écrire tenait au danger que couraient alors ceux qui exerçaient ces fonctions. Les nobles surtout, furieux de recevoir la visite

---

(1) C. Romana Ecclesia, 1. L. 2, tit. 2, in-6°. — Cpr. L. 19, De judiciis, 5, 1.

(2) Art. 1, 59, 61, 68, 69.

(3) Grand Coutumier, III, 1.

des hommes de loi, se permettaient de jeter par les fenêtres, de mutiler, de tuer même les sergents qui leur faisaient des significations. Guénois raconte l'histoire d'un huissier de Bordeaux, auquel un grand seigneur fit couper les deux oreilles. Le comte de Montsoreau était moins féroce. S'étant rencontré un jour chez un hôtelier avec un sergent qui venait apporter un exploit à cet hôtelier, il le punit de cette audace en l'obligeant à avaler son acte. On connaît l'anecdote de Louis XII qui se présenta lui-même au Parlement, le bras gauche en écharpe, parce qu'un grand seigneur avait cassé le bras gauche à un sergent; le roi demanda justice pour celui-ci. L'ordonnance de Moulins de 1566 (art. 31 et 34) prononça la peine de mort contre ceux qui se permettraient des voies de fait vis-à-vis des sergents. Déjà une ordonnance de 1550 avait permis aux huissiers d'assigner les seigneurs châtelains dans l'un des immeubles de leur forteresse et d'attacher l'exploit au poteau de la barrière. Ce moyen étant encore insuffisant pour protéger les sergents, un édit de Henri III, de 1580, exigea de toute personne possédant seigneurie ou maison forte qu'elle fît élection de domicile dans la ville royale la plus proche de sa résidence. Les mendiants, les vagabonds et ceux qui avaient un domicile inconnu étaient assignés par cris publics ou à son de trompe. On appelait aussi en justice les étrangers à son de trompe sur les côtes ou confins du royaume les plus proches du pays auquel ils appartenaient. C'est l'ordonnance de 1667 qui, la première, voulut qu'ils fussent assignés au parquet du procureur général du Parlement dans le ressort duquel se trouvait le tribunal compétent. Sauf ces exceptions, l'exploit d'ajournement devait être remis au défendeur, à personne ou à domicile; il lui était laissé copie.

Cet acte était la base et le point de départ de toute la procédure. C'était seulement par exception et dans certains cas que l'action s'introduisait par voie de requête au juge. Pour toutes les affaires portées devant les Parlements ou autres cours souveraines, il fallait, au préalable, obtenir des lettres de chancellerie ou un arrêt qui donnait commission à un huissier [1]. Cette forme était aussi imposée dans certains cas

(1) Boutellier, liv. I, tit. 32.

exceptionnels devant les autres juridictions, par exemple pour obtenir la rescision d'un contrat.

Jusqu'au XIVᵉ siècle, les deux parties étaient tenues, comme on l'a vu, de comparaître en personne ou par mandataire devant la justice ; c'est ce qu'on appelle la présentation (1). Cet usage se modifia insensiblement. En cour souveraine, on admit qu'il suffirait de se présenter devant le greffier commis à cet effet (2). Puis il fut établi par un édit de 1575, dans les justices royales, des greffiers spéciaux appelés greffiers de présentation, auxquels il suffisait de se présenter et de faire connaître l'objet du procès. D'après l'ordonnance de 1667, le défendeur seul était encore tenu de se rendre au greffe, d'y déclarer sa constitution de procureur et de la faire connaître ensuite au demandeur. Celui-ci était dispensé de cette formalité, parce que sa constitution de procureur avait déjà été signifiée au défendeur dans l'exploit d'ajournement. Toutefois, deux ordonnances de 1695 remirent en vigueur, même pour le demandeur, les anciennes règles. Mais dans la pratique, on cessa d'exiger la présentation en personne des parties au greffe ; on se contenta, de la part de leurs procureurs, d'une présentation avec justification de leurs pouvoirs (4).

A la suite des présentations, on arrivait immédiatement, dans les anciens temps, à la procédure orale, aux plaidoiries. Mais sous l'influence du droit canonique, la pratique introduisit, avant les plaidoiries, des écritures qui furent définitivement organisées par l'ordonnance de 1667.

Dans la procédure canonique, les parties ayant comparu, doivent, avant tout, proposer leurs causes de récusation. Si le juge est accepté par les deux plaideurs, le demandeur dépose entre ses mains un mémoire contenant le développement de sa prétention et de ses moyens. Toutefois, dans les affaires sommaires, ces écritures ne sont pas nécessaires et un exposé oral suffit (3). La requête du deman-

---

(1) Stylus Parlamenti, ch. 5. — Ordonnance de 1363, art. 4. — Boutellier. liv. 1, tit. 6.
(2) Boutellier, liv. 1, tit. 6.
(3) Charondas sur Boutellier, p. 375.
(4) Voy. Ferrière, vᵒ Présentation.
(5) C. 2, De verborum significatione, 5, 11, in Clement.

deur comprend : l'exposé des faits, la mention du droit réel ou personnel qui est contesté, enfin les conclusions que le demandeur peut changer jusqu'à la litiscontestation, et même après ce moment, mais à la condition, dans ce dernier cas, de payer les frais (1). Cette prétention est communiquée au défendeur qui, après en avoir pris connaissance, y acquiesce ou la conteste. Si le défendeur conteste la prétention du demandeur, il faut qu'il le fasse par des conclusions formelles ; la cause est alors liée et on dit qu'il y a *litiscontestatio* (2). La réponse du défendeur est écrite dans les affaires ordinaires, verbale dans les affaires sommaires (3).

Dans la nouvelle procédure française, après la présentation au greffe, le demandeur doit communiquer sa demande développée par écrit au défendeur, mais cette communication a lieu de procureur à procureur, sans ministère d'huissier et en l'absence du juge. Auparavant, ces écritures n'avaient lieu qu'après la présentation devant le juge et si celui-ci les ordonnait à cause de l'insuffisance des déclarations du demandeur et des difficultés soulevées par le défendeur.

La demande écrite ou action du demandeur était accompagnée ou suivie de la production, c'est-à-dire du dépôt ou de la communication au greffe des pièces qui devaient servir de moyen de preuve. Il était de principe qu'une partie ne pouvait pas exiger production de son adversaire tant qu'elle-même n'avait pas fait la sienne.

L'action était suivie de la défense qui était la réponse à l'action. Au moyen âge, de même que l'action, la défense était proposée verbalement et au moment de la présentation ; on aurait pu rédiger la défense par écrit, mais cette forme était purement facultative. La déclaration verbale du demandeur n'avait toutefois souvent pour effet que d'amener lo juge à ordonner au demandeur d'intenter son action par écrit, de prendre la procédure écrite par mémoire ; en pareil cas, le défendeur devait naturellement aussi exposer

_____

(1) C. 6 et 15, X, De judiciis, 2, 1. — C. 2 et 3, X, De libelli oblatione, 2, 3.

(2) Voy. le tit. De libelli oblatione, lib. 2, tit. 3.

(3) C. 2, X, De officio judicis, 1, 32. — C. 2, de verborum significatione, 5, 11, in Clement.

sa défense par écrit. Mais, plus tard, on en arriva à décider en pratique que le défendeur ayant connu l'action par l'exploit d'huissier du demandeur, pourrait de suite, directement, sans intervention de juge, répondre par écrit au demandeur sous forme d'acte de procureur à procureur. Telle est l'origine des requêtes en défense qui ont passé de l'ordonnance de 1667 dans le code de procédure.

Lorsque le défendeur ne soulevait aucun incident, on passait de suite à l'instruction du fond et, sous l'ordonnance de 1667, la justice décidait si cette instruction continuerait par écrit (appointement) ou aurait lieu par plaidoirie. Les défenses au fond du défendeur s'appelaient, dans un sens très large, des exceptions péremptoires, bien que cette expression, comme on le verra plus loin, fût ordinairement prise avec un sens plus étroit. La demande et l'exception péremptoire étaient, dans l'ancienne pratique, intimement liées l'une à l'autre, à ce point qu'il n'y avait pas litiscontestation tant que l'exception péremptoire n'avait pas été formulée. De là la maxime : le péremptoire emporte litiscontestation, mais aussi il couvrait le déclinatoire (1). Cette idée de la litiscontestation avait été évidemment empruntée au droit romain et au droit canonique. Elle n'a pas passé dans le code de procédure, mais il en reste cependant quelques traces dans l'usage encore aujourd'hui observé de poser qualité, et dans les dispositions du code relatives à la mise de la cause en état. La litiscontestation avait lieu, dans notre ancien droit, toutes les fois que le défendeur reconnaissait tout ou partie de la demande ou la niait, ou enfin, proposait des faits contraires. Dans ce dernier cas, il y avait, de la part du défendeur, exception péremptoire. Ces exceptions étaient de deux sortes : les exceptions péremptoires proprement dites et les défenses au fond. Les premières étaient fort larges, peu définies et comprenaient une foule de moyens, comme la prescription. Ces exceptions péremptoires proprement dites devaient être proposées avant ce que l'on appelait les défenses au fond ; celles-ci formaient ainsi les dernières ressources du défendeur (2).

(1) Beaumanoir, VII, 22.
(2) Imbert, I, 34. — Ordonnance de 1667, tit. 5, art. 3.

Sous l'influence du droit canonique, on imposait aux deux parties l'obligation de prêter avant la litiscontestation le serment *de calumnia*. Mais cette pratique, très répandue dans le Midi (1), fort rare dans les pays du Nord, tomba de très bonne heure partout en désuétude.

Le défendeur portait ses moyens à la connaissance du demandeur par acte de procureur à procureur. Là ne s'arrêtait pas la procédure écrite entre les parties : le demandeur pouvait rédiger une réplique et le défendeur une duplique. Ces écritures étaient une cause de lenteurs et de frais considérables. L'ordonnance de 1667 (tit. 5 et 14) voulut y porter remède en décidant qu'à l'avenir le demandeur devrait, dans un court délai, réunir et faire valoir tous ses moyens en réponse. Il était permis au demandeur de signifier une requête en réponse, mais là devaient s'arrêter les écritures. Ces dispositions furent toutefois tournées par les praticiens qui, à la place des dupliques et tripliques, imaginèrent les dires et requêtes.

Toute cette procédure écrite s'accomplissait en dehors du juge. Son but essentiel était de bien préciser le point litigieux entre les parties pour préparer ainsi les mesures d'instruction et les plaidoiries. Elle correspondait à cette partie de la procédure anglaise qui avait pour objet d'aboutir à l'issue.

Pour arriver à l'audience, la plus diligente des deux parties faisait inscrire au greffe l'affaire au rôle. Cette partie prévenait ensuite son adversaire de se trouver à l'audience, au moyen d'un avenir. C'est à ce moment que l'affaire arrivait devant la justice et qu'il y avait contestation en cause, ce qu'il ne faut pas confondre avec la litiscontestation dont il a été parlé un peu plus haut. Alors avait lieu, dès que l'affaire était arrivée à son tour de rôle, la procédure orale et publique.

Les actes écrits de la procédure étaient rédigés par les procureurs ; les avocats avaient le monopole de la plaidoirie, excepté pour les affaires sommaires qui pouvaient aussi être exposées par les procureurs. Il était permis aux juges de se retirer à huis clos pour délibérer ; mais en matière civile, le jugement devait toujours être prononcé en public et oralement.

Si le juge ne se trouvait pas suffisamment éclairé par les

_____

(1) Voy. l'ancienne coutume de Toulouse, passim.

plaideurs, il pouvait ordonner une nouvelle procédure, par écrit, l'appointement. C'est qu'en effet, indépendamment de la procédure ordinaire qui vient d'être exposée, il existait, autrefois comme aujourd'hui, deux autres procédures, mais toutes deux d'une nature exceptionnelle: celle de l'appointement et celle des affaires sommaires.

Au quinzième siècle l'usage s'introduisit assez fréquemment d'ordonner un complément d'instruction par écrit, même avant d'avoir entendu les plaidoiries; mais l'ordonnance de 1519 réprima cet abus en décidant que dans toutes les affaires où les plaidoiries suffiraient, on devrait s'en contenter et rendre de suite le jugement, ce qui impliquait la nécessité de commencer par les plaidoiries. L'ordonnance de 1667 (titre 11, art. 9) a renouvelé cette disposition, en ajoutant que le juge devrait, après les plaidoiries, rendre publiquement un jugement pour prescrire l'instruction par écrit toutes les fois que les plaidoiries paraîtraient insuffisantes pour éclairer la justice.

On appelait appointements ces jugements préparatoires qui prescrivaient en même temps aux parties de produire leurs pièces; mais on donnait aussi le même nom à la procédure elle-même, parce qu'elle avait pour objet de préciser le litige en le ramenant à certains points. Ces points devaient être indiqués dans le jugement qui ordonnait la continuation de la procédure (1). L'appointement avait tantôt pour objet un nouvel examen des actes, pièces et titres déjà produits, tantôt, au contraire, de continuer devant le juge le développement de la procédure, mais au moyen d'écrits et à cause de difficultés de droit que soulevait le litige; dans le premier cas, l'appointement était à mettre; dans le second, en droit. L'appointement à mettre était ainsi appelé parce que les parties devaient, dans un certain délai, mettre leurs actes au greffe ou entre les mains d'un rapporteur, désigné par la justice.

Dans les appointements à mettre, la justice nommait d'abord un rapporteur; le jugement qui ordonnait l'appointement était levé par la partie la plus diligente; celle-ci déposait ses pièces au greffe, signifiait à l'adversaire le jugement et l'acte

(1) Voy. Ferrière, v° Appointement.

de dépôt et le sommait de faire à son tour le dépôt de ses pièces. Cet adversaire devait déposer ses pièces dans les trois jours et signifier son dépôt. Ces délais étant trop courts, on ne les observait pas et, en pratique, on prenait un temps infini pour faire les productions. Un arrêt de règlement du parlement de Paris du 25 novembre 1689 essaya de mettre un terme à ces abus.

Dans l'appointement en droit, à écrire et produire, c'était la procédure elle-même qui continuait par écrit. Cette procédure donnait lieu à des lenteurs et à des frais considérables avant l'ordonnance de 1667 et le plus souvent on l'employait inutilement, car les parties se bornaient à répéter ce qu'elles avaient dit. De plus, on ne pouvait faire un seul pas dans cette procédure sans un jugement de tout le tribunal. L'ordonnance de 1667 essaya d'introduire des améliorations. Elle voulut que toute la procédure s'accomplît devant un rapporteur dont le travail servait de base à la délibération de la justice ; mais à côté du rapporteur et à titre de garantie, on nommait deux assesseurs chargés de lire, l'un, l'inventaire des titres ; l'autre, les titres eux-mêmes, et on les appelait, pour ce motif, des évangélistes. L'ordonnance de 1667 voulut aussi que le jugement ordonnant l'instruction par écrit indiquât toutes les pièces à produire ; mais elle eut le tort de ne pas limiter le nombre des écritures. D'un autre côté, pour empêcher les lenteurs, elle exigea que les productions fussent faites, à peine de déchéance, dans des délais très brefs et comme ces délais étaient, en réalité, beaucoup trop courts, en pratique il fut impossible de les observer. Les abus persistèrent comme par le passé : la procédure d'appointement fut ordonnée beaucoup trop souvent et continua à exiger de longs délais. Les procureurs trouvaient de grands avantages dans ces sortes de procédures, surtout dans les appointements en droit qui leur permettaient de signifier un grand nombre d'écritures et les magistrats se laissaient volontiers aller à ordonner l'emploi de cette procédure qui leur procurait des épices plus élevées. Aussi qu'arrivait-il en pratique ? Les juges se dispensaient d'écouter les plaidoiries et de lire tout le fatras d'écriture des procureurs. Quand les sacs étaient pleins, ils passaient entre les mains du rapporteur qui les transmettait à son secrétaire. Celui-ci travaillait à l'extrait et au supplément d'extrait. Le sort des plaideurs était ainsi abandonné à l'ignorance ou à la mauvaise foi d'un employé subalterne. D'Aguesseau nous apprend en effet que les juges s'en remettaient au rapporteur, celui-ci à son secrétaire, et qu'ainsi la justice était déplorable (1). Ajoutez à cela que le juge faisait son rapport en chambre du conseil et que l'affaire tout entière se jugeait à huis clos, ce qui retirait encore aux parties la garantie de la publicité. Aussi ce mode d'instruction était-il fort décrié lorsqu'on fit le code de procédure et les rédacteurs de ce code évitèrent soigneusement les anciens noms. Dans l'exposé des motifs du titre, consacré à l'instruction par écrit le rapporteur alla même jusqu'à dire : « Calmez vos inquiétudes sur l'abus ; cette mesure n'a rien de commun avec les anciens appointements. » C'était aller trop loin ; mais enfin il est certain qu'on avait remédié aux abus de l'ancienne procédure en limitant le nombre des significations permises au plus strict nécessaire et en accordant des délais assez longs pour qu'on puisse contraindre les parties à les observer sans gêne pour leurs intérêts.

La troisième procédure était celle des affaires sommaires. Nous avons déjà vu qu'au temps de la féodalité on avait admis une procédure spéciale et plus rapide pour certaines affaires ; mais cette procédure n'était pas le germe de nos matières sommaires. Ici encore il faut remonter au droit canonique.

Comme la procédure ordinaire était assez lente et surtout fort coûteuse, les papes commencèrent par recommander aux juges de statuer rapidement et avec peu de frais sur les causes secondaires. Ces recommandations un peu vagues prêtaient à l'arbitraire ; aussi pour mettre un terme aux controverses, les papes établirent la distinction entre les affaires ordinaires et les affaires sommaires. En droit canonique, une affaire peut être sommaire, soit à cause de peu d'importance, soit dans l'intérêt public ou à cause de l'urgence (2). D'ailleurs c'est aux juges à décider souverainement quelles affaires présentent l'un ou l'autre de ces caractères et les parties ont le droit de demander qu'une affaire ordinaire

(1) Voy. le traité de procédure de Boncenne, II, p. 322.
(2) 2, De Judiciis, 2, 1, in Clem.

soit jugée sommairement (1). D'après le droit canonique, il y a, dans la procédure, des éléments substantiels et des parties purement solennelles destinées à assurer une meilleure administration de la justice. Dans les affaires ordinaires, il faut se soumettre aux unes et aux autres, mais dans les affaires sommaires, on est dispensé des formalités purement solennelles. Ainsi, pour ces procès le juge doit n'admettre comme écritures que l'ajournement, abréger les délais et faire tenir note de tout ce qui s'accomplit à l'audience (2); même simplification dans les procédures relatives aux preuves (3).

Cette procédure sommaire fut d'abord admise par les Établissements du roi Jean (1363) pour les causes bénéficiales; ensuite, étendue aux actions possessoires par l'ordonnance de juillet 1493 (art. 32, 42, 88); généralisée par l'ordonnance de 1560 (art. 17); enfin régularisée par celle de 1667 (tit. 17, art. 12 et suiv.).

L'ordonnance de 1667 considérait comme matières sommaires : les actions personnelles jusqu'à quatre cents livres ; les procès concernant les honoraires des médecins, des apothicaires et des gens de justice jusqu'à mille livres ; les procès relatifs aux dépens et aux frais d'exécution; les demandes jusqu'à concurrence de mille livres dès qu'elles requéraient célérité. Dans les matières sommaires, les délais étaient plus courts; on supprimait les écritures ; les parties comparaissaient en personne ou du moins l'assistance des procureurs était facultative ; les enquêtes se faisaient à l'audience ; enfin les jugements étaient exécutoires par provision sous caution et les délais très courts des actes d'exécution ne pouvaient pas êtres augmentés par le juge.

C. *Incidents.* — Les principaux incidents sont ceux qui concernent la comparution des parties, ceux qui se rattachent à la preuve et ceux qui modifient le fond de la contestation.

Nous avons vu combien était importante, au moyen âge, la

(1) C. 10, X, De judiciis, 2, 1. — C. 2, De judiciis, 2, 1 et C. 2, De verb. signif., 5, 11, in Clem. — Cpr. Boehmer, Principia juris canonici, § 660.

(2) C. 2, in Clem., De verborum significatione, 5, 11.

(3) Boehmer, op. cit., § 770.

théorie des exoines. Toutefois la représentation en justice étant devenue d'abord facultative, ensuite obligatoire, les exoines tombèrent de bonne heure en désuétude et il n'en était plus question à l'époque de l'ordonnance de 1667. C'est qu'en effet, un empêchement personnel de se présenter en justice ne s'oppose cependant pas à ce que l'on fasse une constitution de procureur.

Nous avons vu aussi qu'on avait abusé, au moyen âge, des assignations qu'on renouvelait sans nécessité plusieurs fois. L'ordonnance de Villers-Cotterets, la première, chercha à simplifier ces procédures et à supprimer les abus : elle décida que, dans toutes les matières privilégiées pour lesquelles on avait jusqu'alors exigé plusieurs assignations successives avant le défaut sur le fond, il suffirait de deux assignations : le second défaut devenait ainsi péremptoire (1). Cette disposition n'ayant pas été observée dans la pratique, l'ordonnance de 1667 décida d'une manière plus rigoureuse encore, qu'une seule assignation suffirait à l'avenir et qu'on pourrait toujours de suite prendre défaut sur le fond. Ainsi, si le demandeur ne se présentait pas à l'expiration du délai d'ajournement (défaut faute de se présenter), ou bien s'il ne donnait pas copie de ses pièces dans le délai fixé (défaut faute de donner copie des pièces justificatives), ou bien s'il ne se présentait pas à la plaidoirie (défaut faute de plaider), le défendeur pouvait prendre défaut contre lui ; et réciproquement il y avait lieu à défaut contre le défendeur soit qu'il n'ait pas constitué procureur dans les délais fixés par la loi (dans ce cas le demandeur devait pour prendre défaut obtenir au greffe des présentations un acte constatant ce défaut faute de comparoir), soit qu'il n'ait pas fait connaître ses moyens de défense dans les délais. Dans tous ces cas, on accordait au demandeur le profit du défaut si ses conclusions étaient justes et bien vérifiées.

Dans la théorie des exceptions, l'ordonnance de 1667 introduisit une importante amélioration en obligeant le défendeur à proposer en même temps, sauf dans certains cas, toutes ses exceptions dilatoires, tandis qu'auparavant on les invoquait les unes après les autres.

(1) Ordonnance de 1539, art. 24.

Dans la théorie des preuves, des changements bien plus graves furent apportés par les ordonnances royales. L'écriture s'étant répandue et la corruption des témoins ayant soulevé des plaintes générales, l'ordonnance de Moulins décida au seizième siècle, qu'à l'avenir la preuve par écrit formerait la règle ; la preuve par témoins devint l'exception et il fut même interdit de combattre les écrits par des témoins. A partir de cent livres, la preuve par témoins fut exclue toutes les fois qu'on avait pu se procurer un écrit.

Quant aux enquêtes, elles se firent toujours par écrit et en secret : l'ordonnance de 1667 se borna à interdire les enquêtes à futur et les enquêtes par turbe, à cause des abus auxquels elles avaient donné lieu. D'ailleurs rien n'était changé au système des preuves légales que Pothier reproduit sans même le critiquer. C'est seulement depuis la Révolution qu'a été consacré le système de la preuve par l'intime conviction. Mais le code de procédure a eu le tort d'emprunter à notre ancien droit la forme de l'enquête secrète et écrite. On comprend encore moins qu'il ait donné place à la théorie des reproches qui s'explique sous le système des preuves légales mais qui n'a plus aucune raison d'être du moment que le juge pèse les témoignages au lieu de les compter.

La procédure de la vérification d'écriture ne subit pas d'importants changements. Quant à celle du faux, elle conserva un caractère criminel jusqu'à la fin du dix-septième siècle. C'est l'ordonnance de 1670, plus tard complétée par celle de 1737 qui, la première, distingua le faux civil ou incident du faux criminel ou principal.

A défaut d'écrits et de témoins, la partie peut encore établir son droit par l'aveu de l'adversaire, mais c'est seulement pendant notre période, sous l'influence du droit canonique et après des tâtonnements que fut organisé l'interrogatoire sur faits et articles.

Au serment et même aux autres preuves, le droit canonique préfère l'aveu des parties. Aussi organise-t-il avec plus de soin que le droit romain la procédure qui doit provoquer un aveu (1). La partie qui voulait interroger son adversaire

---

(1) Voy. X, De confessis, lib. 2, tit. 18. — Cpr. D, De interrogationibus in jure faciendis, 11, 1.

devait remettre au juge des *positions*, c'est-à-dire l'indication des questions sur lesquelles l'interrogatoire porterait et chacun des plaideurs devait prêter, en personne ou par procureur, une sorte de serment *de calumnia*, l'un de poser les questions, l'autre d'y répondre sans esprit de chicane (1). En France, une ordonnance de 1499 de Louis XII (art. 16) ordonnait au demandeur de jurer sur les Évangiles qu'il croyait sa demande véritable et le défendeur devait jurer contre chaque article des écritures du demandeur. C'est ce qu'on appelait les réponses de *credit vel non credit*. Il paraît même que les juges se permettaient de faire garder à vue la partie dans sa maison, de l'y consigner jusqu'à ce qu'elle eût fait ses réponses et serments, abus réprimé par plusieurs arrêts du parlement de Paris, notamment par celui du 10 mai 1535. Une ordonnance de 1539 (art. 37) de François Ier abrogea ce système de réponses obligatoires de *credit vel non credit* et mit à la place, pour les parties, la faculté de se faire interroger respectivement sur faits et articles. De cette ordonnance, l'interrogatoire sur faits et articles a passé dans celle de 1667 et dans le code de procédure où cet incident, sous l'influence du droit canonique, est resté secret. De même, le principe d'après lequel la partie qui refuse de comparaître ou de répondre est considérée comme faisant aveu, s'est transmis dans notre droit.

L'ordonnance de 1539 voulait que la partie prêtât serment avant d'être interrogée, ce qui la plaçait entre sa conscience et son intérêt; de plus elle ne pouvait répondre que par oui et par non, ce qui rendait souvent l'interrogatoire obscur ou inutile; enfin il y avait amende de vingt livres comme peine de chaque fait mensonger, ce qui produisait encore des contestations au milieu du procès principal. L'ordonnance de 1667 a supprimé ces rigueurs inutiles, sauf la nécessité du serment. De plus, en cas de refus de la partie de comparaître ou de répondre, son silence valait aveu. Le code de procédure a, le premier, décidé (art. 330) qu'en pareil cas les faits pourront être

---

(1) C. 2, 5, 11, in Clem., De verb. signif. — C. 1, 2, De confessis, 2, 9, in 6°. — C. 2, De testibus, 2, 10, in 6°. — C. 3, De juramento calumniæ, 2, 4, in 6°.

tenus pour reconnus sans l'être nécessairement et a supprimé le serment.

Il y avait encore deux procédures qui tenaient à la preuve : les rapports d'expert (1) ; la descente sur lieux qui existait déjà au temps de Boutellier et qu'il ne faut pas confondre avec l'exception de vue et montrée. Celle-ci fut supprimée par l'ordonnance de 1667 qui s'occupa seulement de la descente sur lieux (2).

Restent les incidents de fond. Là encore il faut relever l'influence canonique sur les demandes reconventionnelles Pendant toute la période précédente, ces demandes avaient été prohibées dans les pays de coutume. En 1510, l'article 74 de la coutume de Paris commença par permettre la compensation à la condition que les deux dettes fussent claires et liquides et qu'on eût obtenu des lettres royaux. En 1580, cette même coutume dispensa les parties de se pourvoir de lettres de chancellerie. Enfin, l'article 106 de cette même coutume permit la reconvention pourvu qu'elle eût lieu *ex pari causa*, c'est-à-dire qu'elle fût née de la même cause que l'action et qu'elle lui servît de défense. Cette disposition passa dans un certain nombre de coutumes. Mais la pratique du Châtelet de Paris alla encore plus loin, et, se rapprochant davantage du droit canonique, elle autorisa toute prétention sous forme de demande reconventionnelle, à la condition qu'elle pût servir de défense à l'action principale. C'est encore aujourd'hui, dans le silence du code de procédure sur ce point et aussi par argument de ce qu'il dit des demandes nouvelles en cause d'appel (art. 464), le système adopté par la doctrine et par la jurisprudence.

Si le demandeur néglige de poursuivre la procédure commencée, il peut encourir la péremption d'instance que le droit canonique emprunte à Justinien, mais en la modifiant. Cette péremption ne repose plus sur un motif d'ordre public, comme dans le droit de Justinien, *ne lites pene fiant immortales et*

---

(1) Quelques coutumes contiennent des détails fort complets, mais seulement pour certaines classes d'experts, par exemple pour les experts architectes. Voy. coutume de Paris, art. 180 et suiv.

(2) Boutellier, liv. 1, tit. 32. — Imbert, liv. 1, ch. 19. — Ordonnance de 1667, tit. IX, art. 4 et 5 tit. XXI. — Guyot, Répert., Vᵒ Descentes sur lieux.

vitæ hominum modum excedant ; elle est fondée sur un désiste_
ment présumé. Aussi, elle ne s'accomplit plus de plein droit
et le point de départ des trois ans n'est pas la litiscontestation,
mais le dernier acte de procédure (1). On sait quelles controverses, dans le silence des ordonnances, ont divisé nos
anciens parlements sur la nature, les effets et les conditions
de la péremption, mais ces pratiques si variées s'inspiraient
toutes, plus ou moins, du droit canonique.

D. *Jugement.* Nous avons vu comment s'introduisit, sous
l'influence du droit canonique, la distinction des jugements
en définitifs et avant dire droit. Les principes sur la délibération, le vote, le prononcé du jugement en public, n'ont pas été
modifiés par le code de procédure qui s'est borné à consacrer
l'ancienne pratique. Toutefois, en cas de partage, il n'y avait
pas autrefois de règle fixe; les principes les plus divers
s'étaient introduits dans la pratique. Dans les basses juridictions, on appelait, pour vider le partage, un ou plusieurs
hommes de loi présents à l'audience, mais sans recommencer l'instruction; dans les juridictions souveraines, l'affaire
était ordinairement portée devant une autre chambre.

Le code de procédure s'est également borné à reproduire
les principes de notre ancien droit sur la rédaction des jugements, sur le contenu de la minute, sur les qualités qui
étaient déjà rédigées par les procureurs et réglées par le
magistrat qui avait présidé, en cas d'opposition. Toutefois
l'usage s'était perdu de motiver les jugements.

Il n'y a rien a dire de la condamnation principale et quelques observations suffiront pour les condamnations accessoires.
Nous avons déjà vu que la condamnation aux dépens avait été
empruntée au droit canonique et qu'elle était même prononcée d'office (2).

Si l'on ajoute à la charge des dépens l'obligation de payer
les avocats et les procureurs, celle de donner des épices aux
juges et notamment au rapporteur et au commissaire, on
comprendra les plaintes qui s'étaient élevées de toutes parts

(1) C. 20, X, De judiciis, 2, 7.
(2) L'ordonnance de 1667 consacre encore ce principe, mais aujour-
d'hui il est généralement admis que la condamnation aux dépens ne
peut pas être prononcée d'office.

dans notre ancienne France. Les épices des juges, d'abord facultatives et modérées, n'avaient pas tardé à devenir plus élevées et surtout obligatoires. Les ordonnances royales intervinrent plusieurs fois et s'attachèrent à régler la taxe des dépens et des épices (1), pour les limiter; mais leurs efforts furent vains (2). Dans certains cas, en pratique, pour alléger la charge des dépens, on imagina de les compenser ; l'ordonnance de 1667 interdit cette compensation, mais sa disposition ne fut pas observée. Quant à la condamnation à des amendes, elle devint fort rare sous l'influence du droit canonique et ne fut plus encourue, comme de nos jours, que dans les cas exceptionnels.

E. — *Voies de recours.* — Les voies de recours ordinaires contre les jugements sont, dans notre droit, l'opposition et l'appel. L'opposition, propre aux jugements par défaut, était inconnue en droit romain où le défaillant dont la contumace avait été régulièrement constatée trois fois (d'abord par des *edicta*, plus tard par des *denuntiationes*) était condamné, avec privation du droit d'appeler, de sorte qu'il lui restait seulement le bénéfice de la restitution en entier. A l'origine, le droit canonique frappa le défaillant d'excommunication (3) ; mais bientôt on se contenta de lui appliquer, comme peine de son défaut, la condamnation aux dépens et à des dommages

(1) « Les épices que nous donnons maintenant, ne se donnaient anciennement que par nécessité. Mais celui qui avait obtenu gain de cause, par forme de reconnaissance ou regraciement de la justice qu'on lui avait gardée, faisait présent à ses juges de quelques dragées et confitures ; car le mot d'épices par nos anciens étaient pris pour confitures et dragées. Ces épices donc se donnaient au commencement par forme de courtoisie à leurs juges par ceux qui avaient obtenu gain de cause, ainsi que je disais ores. Néanmoins, le malheur du temps voulut tirer telles libéralités en conséquence : si que d'une honnêteté on fit une nécessité. Pour laquelle cause, le dix-septième jour de mai mil quatre cent deux fut ordonné que les épices qui se donneraient pour avoir visité les procès, viendraient en taxe... Depuis, les épices furent changées en argent, aimant mieux les juges toucher deniers que dragées. » — Pasquier, Recherches de la France, liv. II, ch. 4.

(2) Voy. notamment l'ordonnance de Roussillon, art. 14 et 31.

(3) C. 1 et 3, X, Ut lite non contestata, 2, 6. — C. 19, X, De appellationibus, 2, 28.

intérêts (1). D'ailleurs le défaillant avait le droit de faire revenir l'affaire devant le tribunal. Cela tenait probablement à
ce qu'il était de principe qu'aucune condamnation ne pouvait
être définitive avant la litiscontestation. Or cette litiscontestation devenait impossible toutes les fois que le défendeur
faisait défaut. Aussi la sentence par défaut qui adjugeait au
demandeur la possession d'un bien du défendeur ne s'opposait pas à ce que celui-ci rentrât en possession, pourvu qu'il
se présentât dans l'année, qu'il remboursât les frais et qu'il
fournît caution de comparaître. Mais une fois l'année expirée,
la possession était définitivement perdue pour lui et il ne
pouvait plus agir qu'au pétitoire (2).

Tant que la procédure d'appel fut abandonnée à elle-même,
de nombreux abus purent s'introduire et il s'établit aussi des
divergences entre le Nord et le Midi. L'un des plus graves
abus consistait dans les longs délais que la pratique avait
introduits pour donner le droit de former appel. Sans doute,
c'était un principe écrit dans les ordonnances qu'on devait
interjeter appel au moment même où le jugement était rendu,
illico (3); mais quelle pouvait être l'utilité de cette règle, alors
qu'on avait le droit de se faire relever pendant trente ans de
la déchéance, quand on n'avait pas immédiatement interjeté
appel, au moyen de lettres de restitution, appelées reliefs
d'*illico*. On disait donc avec beaucoup plus de raison : l'appel
dure trente ans, principe étrange, bizarre, absurde, qui
permettait de laisser en suspens les décisions de la justice
pendant un temps indéfini (4). Ce système dura jusqu'à l'ordonnance de 1667 qui le modifia en partie seulement. Cette
ordonnance limita le droit d'appeler à dix ans (vingt ans pour
l'Église, les hôpitaux, les collèges, les universités) toutes les
fois que le jugement avait été signifié et à partir de cette
signification. Toutefois quand il s'était écoulé trois ans depuis la signification du jugement, celui qui l'avait obtenu pou-

(1) C. 2 à 7, X, De dolo et contumacia, 2, 14. — C. 24, X, De officio
et potestate judicis delegati, 1, 29. — C. ult., X, De juramento calumniæ, 2, 7.
(2) C. 5, X, ut lite non contestata, 2, 6.
(3) Ordonnance de 1493, art. 60. — Ordonnance de 1507, art. 23.
(4) L'appel était toutefois réduit à dix ans dans un cas, celui d'adjudication par décret.

vait singulièrement abréger le délai d'appel : il lui suffisait
de faire sommation à son adversaire d'interjeter appel ; celui-ci était alors mis en demeure d'user de ce droit dans les
six mois de la sommation (1). Ces délais étaient encore beaucoup trop longs ; aussi ont-ils été réduits à trois mois par
le code de procédure et à deux mois par la loi du 3 mai 1862.

Les formes de l'appel furent également modifiées. L'ordonnance de Villers-Cotterets de 1539 (art. 117) abrogea
l'usage de mettre en cause le juge inférieur. L'appel se faisait par déclaration au greffe ou de vive voix à l'audience.
Cette dernière forme de l'appel n'a jamais été abrogée, mais
elle était peu usitée dans le dernier état de l'ancien droit. L'appel se faisait par acte signifié à l'adversaire, sans d'ailleurs
que l'on fût obligé de lui faire connaître les causes de l'appel.
Il fallait ensuite faire recevoir l'appel par le juge supérieur :
c'était ce que l'on appelait relever l'appel. La forme de l'appel se composait ainsi de deux actes : l'acte d'appel et le relief. Le premier était déjà suspensif de l'exécution. On rele-
vait l'appel par lettres de chancellerie ou par requête au juge
supérieur.

La procédure d'appel était moins compliquée que celle des
premiers juges ; les parties connaissant déjà l'objet du procès,
on supprimait les écritures préliminaires ; il n'y avait ni demandes ni défenses et on en venait de suite aux plaidoiries
ou à la procédure des appointements ; dans les causes légères,
on évitait même cette dernière procédure quoiqu'elle ait été
employée par les premiers juges, à cause de l'énormité des
frais (2).

L'appel devait être fondé sur l'injustice de la sentence dans
le fond : les nullités de forme ne donnaient lieu qu'à opposition ou requête civile suivant que la sentence n'était pas ou
était en dernier ressort et l'affaire revenait alors devant la
juridiction qui avait statué.

On pouvait toujours appeler des justices seigneuriales au
bailli ou au sénéchal du roi ; de celui-ci on allait au parlement

---

(1) Art. 12 et 17, tit. 27 de l'ordonnance.
(2) Voy. d'intéressants détails sur la procédure d'appel dans Fleury,
Inst. au droit français, 7ᵉ partie.

avant l'édit des présidiaux. Mais pour éviter les frais considérables et les lenteurs de ces appels au parlement dans les petites causes, l'édit de Henri II établit entre les baillis et les parlements une juridiction intermédiaire, celle des présidiaux, qui jugeaient en dernier ressort jusqu'à 250 livres à payer en une fois ou jusqu'à 10 livres de rente ; dans les autres cas, on pouvait appeler de leurs jugements au parlement.

A l'appel ordinaire, il faut rattacher deux particularités qui s'étaient introduites dans notre jurisprudence, l'appel de déni de renvoi et l'appellation par expédient. Le défendeur avait-il été assigné devant un tribunal incompétent, il pouvait ou opposer l'exception d'incompétence ou former une demande en renvoi au tribunal compétent ; dans le premier cas, il restait sur la défensive et se bornait à soutenir que le tribunal saisi ne devait pas juger ; dans le deuxième cas, il prenait les devants et demandait que l'affaire fût jugée par un autre tribunal. Cet incident s'instruisait sommairement c'est-à-dire rapidement. Si le tribunal se déclarait compétent, la partie qui avait soulevé le déclinatoire avait toujours le droit d'interjeter appel immédiat pour déni de renvoi ou pour incompétence et on sait que ce principe a passé dans le code de procédure qui permet toujours aussi d'appeler du jugement sur la compétence, même lorsque le tribunal statue sur le fond en premier et dernier ressort. En appel, il était statué sur cet incident, non pas par les juges, mais par le ministère public. L'avis que donnaient les avocats et les procureurs généraux avait la force d'un jugement, mais il ne pouvait porter que sur la question de compétence (1).

L'appellation par expédient était ainsi appelée parce qu'elle était portée devant un avocat et on disait, d'une manière générale, qu'une cause se vidait par expédient toutes les fois que devant la juridiction supérieure, l'affaire, au lieu d'être soumise aux magistrats de cette juridiction, était remise à la sagesse d'un avocat (2).

Dès le seizième siècle on avait admis que les parties pour-

(1) Ordonnance de 1667, VI. — Guyot, v° Appel de déni de renvoi.
(2) Imbert, II, 13. — Ferrière, Dictionnaire de droit, v° Appellation par expédient.

raient, dans les appels des petites causes, pour éviter les frais considérables de la procédure ordinaire, convenir, par un compromis, de remettre la solution d'appel à un ancien avocat. Ce qui avait été facultatif devint obligatoire sous l'ordonnance de 1667 en cas de désertion d'appel et en cas de folle intimation.

Il y avait folle intimation lorsque l'intimé soutenait qu'il avait été traduit devant une juridiction d'appel incompétente ou qu'il n'était pas la personne qu'on devait assigner en cause d'appel. La désertion d'appel supposait que l'appelant avait laissé écouler les délais d'appel sans commencer l'instance d'appel par l'ajournement ; dans ce cas, l'intimé pouvait assigner l'appelant au moyen de lettres dites de désertion pour faire déclarer l'appel nul. Il était statué sur ces deux sortes d'appel par un avocat (1).

L'opposition comme l'appel produisait effet suspensif, mais tandis que l'appel portait l'affaire au tribunal supérieur, l'opposition la faisait revenir devant celui qui avait déjà jugé. Le mot opposition commença à être usité vers le quinzième siècle et par là on entendait toute protestation contre un acte quelconque d'un tribunal ou de l'un de ses membres. L'opposition pouvait aussi être faite aux actes d'exécution et elle correspondait à ce qu'on appelait alors la rescousse. Mais quand on parle de l'opposition comme voie de recours contre un jugement, on a en vue une décision par défaut et c'est la voie accordée au défaillant pour faire retourner l'affaire au tribunal qui en est déjà connu. Il est probable que cette voie de recours a commencé à être usitée à partir de l'époque où les contremands sont tombés en désuétude et où l'on a donné défaut contre les défaillants.

A proprement parler, 'opposition a été réglementée d'abord par nos pratiques judiciaires, en dernier lieu par l'ordonnance de 1667. Celle-ci admet l'opposition en principe contre tous les jugements par défaut. Elle semble cependant l'exclure lorsque le jugement est susceptible d'appel : elle ne parle en effet de l'opposition qu'aux arrêts et jugements en dernier ressort (tit. 35, art. 3). Mais la pratique n'avait pas tenu compte de cette disposition restrictive et elle admettait l'opposition

(1) Ordonnance de 1667, tit. 6, art. 4 et suiv.

même contre les jugements susceptibles d'appel. Toutefois la pratique respectait une autre disposition de l'ordonnance qui défendait l'opposition dans un cas : celui où le jugement avait été rendu à l'audience faute de plaider et à son tour de rôle (tit. 35, art. 3). On en donnait pour raison que la partie défaillante avait eu tout le temps pour se préparer. L'opposition n'était pas non plus reçue contre les jugements rendus par forclusion en procès par écrit ni contre les jugements rendus sur un délibéré sur le bureau. Aujourd'hui encore, l'opposition est refusée contre les jugements par défaut à la suite d'une instruction par écrit. Enfin l'ordonnance (tit. 35, art. 3.) fixait le délai d'opposition à huitaine et ce délai a passé dans le code pour les jugements par défaut contre avoué, mais on a établi un système différent pour les jugements par défaut contre partie. Sous l'ordonnance de 1667, lorsque le jugement par défaut était susceptible d'appel et que la huitaine d'opposition était expirée, on admettait, d'après l'usage, la partie à interjeter appel et à déclarer ensuite qu'elle convertissait son appel en opposition.

L'ancien droit nous fournit peu de renseignements sur la tierce opposition. L'ordonnance de Villers-Cotterets de 1539 se borne à infliger une amende à ceux qui, par esprit de chicane, font tierce opposition. L'ordonnance de Moulins de 1566 ordonne simplement l'exécution des sentences portant condamnation à délaisser un héritage nonobstant toutes tierces oppositions. L'ordonnance de 1667 reproduit cette disposition ; elle frappe aussi d'amende le tiers opposant qui succombe dans son action et attribue moitié de l'amende au fisc, moitié à l'autre partie (tit. 27, art. 10). Toutefois l'amende n'était pas encourue lorsque le jugement auquel on formait opposition avait été rendu sur requête sans qu'il y eût eu de partie appelée.

L'opposition et l'appel étaient des voies de recours ordinaires ; la requête civile et la cassation étaient, au contraire, d'une nature exceptionnelle. La requête civile a son origine dans la *proposition d'erreur* admise à partir du quatorzième siècle contre les arrêts des parlements sous prétexte que la décision rendue contenait une erreur. Celui qui voulait recourir à ce moyen devait préalablement se munir, auprès de la chancellerie du roi, de lettres de grâce, fournir caution garantissant le paiement des frais, des dommages-intérêts à l'adversaire et de l'amende au roi(1). Ce moyen donna lieu à une foule d'abus et de fraudes. Cependant on ne l'autorisait que contre les jugements sur le fond des tribunaux jugeant en dernier ressort et non contre les jugements d'avant dire droit. Mais les ordonnances royales trouvèrent que ces restrictions étaient encore insuffisantes et en établirent de nouvelles. Ainsi, la proposition d'erreur fut interdite contre les jugements statuant au possessoire ou en matière criminelle (2). De même, l'ordonnance de Moulins (art. 18) défendit de l'employer contre les décisions en dernier ressort des présidiaux et désormais elle ne fut plus autorisée que contre les arrêts des cours souveraines.

La procédure de cette voie de rétractation s'ouvrait par une requête contenant l'indication des moyens à l'appui et adressée au chancelier. Celui-ci, par l'intermédiaire de ses maîtres de requête, examinait si, en effet, il y avait un moyen d'attaquer l'arrêt. Rigoureusement, cette voie de recours supposait une erreur de fait de la part des juges, mais, en pratique, on allait plus loin et on permettait de l'employer même pour erreur de droit. Si le chancelier reconnaissait qu'une erreur de ce genre avait été commise, l'affaire était renvoyée au parlement compétent, mais elle y était jugée par une chambre autre que celle qui avait statué la première fois (3).

L'ordonnance de 1667 supprima définitivement cette voie de réformation et ne laissa subsister que la requête civile (4). La requête civile était une prière adressée au juge de réformer sa sentence. Cette voie de rétractation ne paraît pas avoir été employée avant le XVIᵉ siècle, en supposant qu'elle ait existé auparavant(5). Elle fut créée, en partie par des raisons d'équité, en partie sous l'influence du droit canonique ; elle présentait en effet une certaine analogie avec la restitution en entier du droit romain.

La requête civile n'était admise que contre les décisions en

(1) Edit. de 1331, II, 80.
(2) Ordonnance de 1507, art. 251. — Ordonnance de 1539, art. 97.
(3) Imbert, II, 16.
(4) Tit. 35, art. 52.
(5) Voy. Boutellier, liv. 2, tit. 13.

dernier ressort ; dans les autres cas, en effet, on était suffisamment protégé par la voie de l'appel.

Les causes de requête civile n'étaient pas rigoureusement déterminées dans l'ancien droit, et c'était là une cause de fréquents abus, de beaucoup d'incertitudes dans la pratique (1). L'ordonnance de 1667 mit fin à cet état de choses en fixant d'une manière limitative les cas d'ouverture à requête civile (2). Mais d'ailleurs, depuis comme avant cette ordonnance, la requête civile supposait un jugement en dernier ressort. Dirigée contre un jugement d'un présidial, la requête faisait retourner l'affaire directement devant ce tribunal et sans aucun préliminaire (3). Mais quand on voulait agir en requête civile contre un arrêt d'une cour souveraine, il fallait préalablement se faire autoriser par lettres de chancellerie. On obtenait ces lettres après avoir adressé, à cet effet, une requête civile, c'est-à-dire polie ; il fallait, à l'appui de la requête, présenter une consultation de deux anciens jurisconsultes indiquant les causes de requête, avec avis favorable. C'est sous ces conditions qu'on obtenait alors des lettres dites en forme de requête civile (4).

La requête civile devait être formée dans le délai de trois mois ou dans celui de six mois à partir de la signification, suivant qu'il s'agissait d'un jugement d'un présidial ou d'un arrêt de parlement. Si ce délai était expiré avant qu'on ait pu agir, parce qu'on n'avait pas encore obtenu des lettres de chancellerie, alors, d'après une pratique fort dangereuse et tout à fait en contradiction avec les prescriptions de l'ordonnance (5), on pouvait obtenir du conseil du roi un relief du laps de temps. Par l'effet de la requête civile, l'affaire revenait à la juridiction qui avait déjà statué, mais elle devait être soumise à un autre rapporteur et à une autre chambre : il était statué après plaidoiries. La procédure se divisait,

(1) Imbert, II, 16.
(2) Voy. l'art. 34 du titre 35 de l'ordonnance.
(3) Ordonnance de 1667, tit. 35, art. 4. — Cette voie de recours extraordinaire s'appelait plus spécialement requête en pareil cas ; on n'ajoutait pas civile.
(4) Ordonnance de 1667, tit. 35, art. 13.
(5) Tit. 35, art. 14.

comme aujourd'hui, en deux parties : le rescindant et le rescisoire. La première avait pour objet de rechercher si l'on se trouvait dans l'un des cas d'ouverture à la requête civile, et la seconde, de remplacer le jugement qui avait été annulé par un autre. Non seulement la requête civile n'arrêtait pas l'exécution, mais il fallait même avoir exécuté avant d'y recourir (1).

La procédure française n'a jamais connu, à aucun degré de juridiction, le recours par voie d'action en nullité. Quand une sentence était entachée d'une nullité de forme, on pouvait la faire valoir par l'appel. On admettait même, à l'époque du *stylus parlamenti*, qu'en pareil cas l'appel pouvait être interjeté, même si on était déchu de cette voie de recours pour le fond, et que pour nullité de forme il était permis d'appeler d'un interlocutoire contre lequel l'appel aurait été repoussé au fond (2). Quant aux décisions des cours souveraines entachées de nullité de forme, on les attaquait devant le conseil du roi par voie de requête et même sous prétexte de nullité de ce genre, le conseil du roi attira souvent à lui des affaires déjà jugées par le parlement. L'ordonnance de 1667, en supprimant la proposition d'erreur, consacra le recours au conseil pour violation des ordonnances (3). Il y avait dans le conseil du roi une section spéciale, appelée conseil des parties, qui jouait le rôle aujourd'hui attribué à la cour de cassation. Sa procédure était fixée par des règlements du conseil, et en dernier lieu elle fut l'objet d'un règlement de 1738, encore aujourd'hui observé à la cour de cassation. D'ailleurs les causes d'ouverture à cassation n'étaient pas bien nettement formulées. On admettait comme telles la violation de la loi, l'incompétence et l'excès de pouvoir, l'inobservation des formes prescrites à peine de nullité. Le recours au conseil n'était admis qu'à défaut de tout autre moyen et il fallait en user dans les six mois de la signification. La procédure avait été d'abord orale, mais celle-ci fut ensuite précédée d'écritures qui existent encore aujourd'hui. Quand le

---

(1) Ordonnance de 1667, tit. 35, art. 19. — Déclaration de 1671.
(2) Stylus Parlamenti, XX, 1 à 6 ; XXII, 6.
(3) Tit. 1, art. 8.

conseil cassait, il devait renvoyer l'affaire devant une autre juridiction du même ordre et du même dégré que celle dont la décision avait été annulée ; mais, en fait, le conseil gardait souvent l'affaire et jugeait lui-même. C'était là un abus que les avocats au conseil avaient intérêt à développer.

Les évocations au grand conseil avaient aussi donné lieu à des injustices révoltantes. Il y avait toutefois deux sortes d'évocations, les évocations de grâce et celles de justice. Le privilège attaché aux évocations de grace permettait d'enlever aux juges naturels la connaissance d'un procès pour l'attribuer à d'autres juges. Tantôt ce privilège s'appliquait à toutes les affaires d'une personne ou d'une corporation, tantôt il était spécial à telle affaire déterminée. Les évocations de justice s'obtenaient à raison des parentés et alliances que l'une des parties pouvait avoir dans le tribunal auquel l'affaire était portée ou à raison des sollicitations et pourchas que les présidents ou conseillers auraient faits « pour le support et faveur de la cause (1) ». Ces deux sortes d'évocations étaient également frappées de réprobation. C'est qu'en effet on simulait des parentés, alliances ou amitiés avec les juges du parlement auquel l'affaire devait être soumise pour l'en distraire et, pendant des siècles, les ordonnances royales furent impuissantes à réprimer ces abus. Ces nombreuses évocations étaient, d'ailleurs, autant d'hommages rendus à l'impartialité des parlements, car tout ce que l'on demandait dans une évocation, c'était d'éviter précisément leur juridiction. En proposant des causes d'évocation, on soumettait son adversaire à cette alternative : de plaider au conseil qui, appelé à vérifier les griefs allégués, retenait presque toujours la connaissance de la cause au lieu de la renvoyer comme il aurait dû le faire, ou d'abandonner un droit légitime plutôt que de se consumer en frais en allant chercher au loin une justice douteuse devant une juridiction privilégiée. L'ordonnance de 1669 enleva définitivement au grand conseil le droit de statuer sur les causes évocatoires pour l'attribuer au conseil des parties. Celui-ci devait renvoyer au plus prochain parlement. C'était seulement dans des cas

(1) Édit. de 1545.

exceptionnels qu'il renvoyait l'affaire au grand conseil. De nouvelles fraudes s'étant fait jour, une ordonnance de 1737 les combattit en déterminant, d'une manière plus précise encore, quelles seraient les causes d'évocation et devant quel parlement il faudrait renvoyer le procès. D'ailleurs, toutes ces règles s'appliquaient exclusivement à l'évocation concernant un procès pendant en une cour souveraine. Devant les juridictions inférieures, on suivait une autre procédure, celle qui a passé dans le code au titre du renvoi pour parenté ou alliance.

Quant au déni de justice, nous avons vu que, sous la féodalité, il donnait lieu à l'appel pour défaut de droit ; le seigneur ayant manqué à son devoir de rendre justice, le lien féodal était rompu. Mais dans la suite, et déjà au temps de Dubreuil, le déni de justice a cessé d'être un délit féodal pour devenir un simple incident de procédure, et c'est le caractère qu'il présente encore dans l'ordonnance de 1667 (1).

F. *De quelques procédures spéciales.* — Nous venons de parcourir la procédure de droit commun depuis son début jusqu'aux dernières limites des voies de recours ; mais, il existait aussi des procédures spéciales pour certaines matières. Ainsi, on avait emprunté au droit canonique, et plutôt encore au droit romain, quelques-unes de leurs règles pour organiser la complainte et la réintégrande. La dénonciation de nouvelle œuvre, moyen pétitoire chez les Romains, était devenue une action possessoire au moyen âge ; elle est exposée dans le Grand Coutumier de Charles VI, mais il semble qu'elle soit ensuite tombée en général dans l'oubli, car il n'en est pas question dans l'ordonnance de 1667. Il existait une procédure spéciale pour ces actions possessoires : le défendeur devait comparaître dans de très brefs délais, et la première assignation était péremptoire ; on n'admit jamais le système des contremands ; la procédure était sommaire, à moins que le juge n'éprouvât des difficultés pour déterminer qui était possesseur (2). On admettait aussi au Châtelet de Paris, pour toutes les affaires d'une extrême urgence, une procédure spéciale

(1) Stylus parlamenti, XXI, XXVI.—Ordonnance de 1667, tit. 25, art 4.
(2) Boutellier liv. 1, tit. 10. — Grand Coutumier, liv. II, ch. 1.

dite des référés, qui a passé dans le code (1). Quant aux difficultés relatives à l'exécution du jugement, elles donnaient aussi lieu à certaines particularités. Au moyen âge, l'exécution des jugements était exclusivement confiée au seigneur qui présidait ou à ses fonctionnaires, et dans les juridictions où il n'y avait pas de seigneur, comme par exemple dans celles des villes, c'était au major ou à ses fonctionnaires spéciaux qu'il appartenait d'assurer l'exécution des jugements. Toutefois, dans les affaires où le seigneur statuait seul, en l'absence de pairs, alors il était à la fois chargé de rendre la justice et de veiller à l'exécution de sa sentence ; il réunissait le pouvoir judiciaire et le pouvoir exécutif. Lorsque dans la suite le développement de la justice royale modifia l'organisation des juridictions féodales, on n'en continua pas moins à distinguer le droit de juger de celui d'exécuter ; dès que la sentence était rendue, les fonctions du juge cessaient et l'exécution était confiée à un sergent ou un huissier de la juridiction qui avait statué. D'après l'ordonnance de Blois (art. 179), cette mission devait être confiée à un sergent du premier degré de juridiction, même lorsque sa sentence avait été infirmée par une juridiction supérieure ; mais, en pratique, on n'observait pas cette règle et dans ce cas on confiait l'exécution à un sergent de la juridiction qui avait infirmé.

Pour exécuter un jugement, il fallait le signifier et s'en faire délivrer une expédition revêtue de la formule exécutoire. Celle-ci était délivrée au nom du juge qui avait rendu le jugement, à moins qu'il ne s'agît d'un arrêt d'une cour souveraine ; dans ce dernier cas, c'était au nom du roi, chef suprême et dépositaire de la puissance publique, qu'était donné l'ordre d'exécution (2). Toutefois, une juridiction ne pouvait ordonner et assurer l'exécution de ses sentences que dans l'étendue de son ressort. Quand on voulait exécuter un jugement en dehors du ressort où il avait été rendu, il fallait obtenir un *pareatis*. Il y avait deux sortes de *pareatis* : ceux du grand sceau qui étaient délivrés par la chancellerie royale et qui rendaient la sentence exécutoire dans toute la France, ceux du petit sceau

(1) Voy. Guyot, v° Référés.
(2) Ordonnance de 1466.

qui étaient accordés par la chancellerie de chaque parlement et qui rendaient la sentence exécutoire seulement dans le ressort du parlement.

Au moyen âge, on voulait que l'exécution d'un jugement eût lieu dans l'an et jour (1). Mais dans le droit postérieur on donna un délai beaucoup plus long. On n'en continua pas moins à décider qu'au bout d'un an et un jour, dans d'autres localités au bout de trois ans, le titre exécutoire serait suranné, de sorte qu'il fallait s'en procurer un nouveau.

Nous avons vu comment se faisait au moyen âge la vente des biens du débiteur qui ne s'acquittait pas volontairement de sa dette. Cette ancienne procédure primitive fit bientôt place à des formalités longues, coûteuses et qui, sous le nom de criées et adjudications par décret, variaient de coutume à coutume (2). L'édit de Henri II de 1551 connu sous le nom d'édit des criées se montra si tolérant envers les coutumes locales, qu'il n'apporta aucune réforme sérieuse. Par l'effet de l'adjudication, tous les droits réels de ceux qui ne s'étaient pas fait connaître étaient éteints, sauf exception pour les servitudes, le douaire, les substitutions et les droits seigneuriaux (3).

Les débiteurs insolvables et de bonne foi pouvaient obtenir le bénéfice de cession qui les faisait échapper à la contrainte par corps. D'autres fois des lettres du roi paralysaient les droits des créanciers. Les plus exorbitantes étaient les lettres

---

(1) Coutumes notoires, 6, 44, 81. — Demarcs, 118. — Grand Coutumier, liv. II, ch. 17.

(2) Stylus parlamenti, tit. De cridis et subhastationibus. — Boutellier, liv. 1, tit. 69. — Masuer, au titre De executionibus.

(3) Coutumes notoires, 35, 121, 127. — Demares, 390. Coutume de Troyes, art. 127. — Coutume de Laon, art. 144. — Coutume de Paris, art. 255. — On pouvait aussi obtenir la purge des droits réels après vente volontaire d'un immeuble au moyen de la procédure du décret volontaire. L'acheteur qui voulait s'assurer la sécurité contre les hypothèques inconnues du chef de son vendeur, pouvait simuler contre celui-ci une procédure d'exécution. Les intéressés étaient avertis de faire valoir leurs droits par voie d'opposition ; s'il ne se présentait personne offrant un prix supérieur à celui de l'aliénation volontaire, l'immeuble restait à l'acheteur et le prix était attribué aux créanciers qui s'étaient fait connaître. Cette procédure du décret volontaire fut abrogée par l'ordonnance de 1771 qui établit celle de la purge (Voy. Argou, Institutions au droit français).

« d'estat » qui furent accordées, pour la première fois, au temps de Philippe le Bel aux serviteurs militaires du roi et qui obligeaient les créanciers de ces personnes à suspendre l'exécution contre elles pendant un temps fort long. Il y eut de tels abus, que Louis XIV se décida à y mettre un terme ; il voulut qu'à l'avenir, ces lettres ne fussent plus accordées qu'aux plus hauts fonctionnaires et qu'elles suspendissent les actions des créanciers pour six mois au plus (1). Avec les lettres d'estat, il ne faut pas confondre les lettres de « respect ». Celles-ci étaient à l'origine accordées par le roi seulement, mais elles exigeaient le consentement de la majorité des créanciers et un avis préalable de la justice. Au XVIᵉ siècle, il fut admis que ces lettres pourraient être directement accordées par la justice avec l'assentiment de la majorité des créanciers (2) ; mais sous Louis XIV, le droit de délivrer ces lettres fut de nouveau réservé au roi (3).

Nous avons vu combien était rigoureuse la procédure contre la personne du débiteur au moyen âge. L'ordonnance de Moulins (art. 48) interdit la contrainte par corps pendant quatre mois à partir du jugement. Enfin celle de 1667 (tit. 34) en fit une voie d'exécution exceptionnelle, admise seulement dans certains cas de stellionat ; dépôt nécessaire ; pour toutes les dettes commerciales ; au profit du trésor ; au profit de certaines villes ; en matière de fret, restitutions de fruits et dommages.

Ces dispositions n'étaient sans doute pas directement puisées dans le droit canonique, mais il serait difficile de nier qu'elles s'inspiraient de son esprit. Le droit canonique s'est attaché, de très bonne heure, à adoucir la condition du débiteur malheureux ; il a pris l'initiative de ces mesures qui ont abouti, dès 1667, à la suppression de la contrainte par corps comme mesure d'exécution de droit commun en matière civile. Le droit canonique veut que le débiteur soit absout s'il établit son insolvabilité et fournit caution de payer sa dette dès qu'il le pourra (4). Il prescrit de ne pas se montrer

(1) Ordonnance de 1667, tit. V.
(2) Ordonnance d'Orléans de 1560, art. 61.
(3) Ordonnance de 1667, tit. VI. — Déclaration du 23 décembre 1699 et du 3 juin 1726.
(4) C. 3, X, De solutionibus, 3, 23.

rigoureux contre le débiteur dans la gêne, pour l'exécution de la clause pénale, si le débiteur a déjà acquitté la plus grande partie de sa dette (1). Enfin il permet au juge d'accorder des délais de grâce (2).

Tout en organisant avec soin la procédure, le droit canonique voit avec faveur les mesures qui peuvent prévenir les procès, notamment les transactions et les arbitrages (3).

L'arbitrage est volontaire; les parties choisissent le nombre d'arbitres qu'elles veulent, pair ou impair (4). Mais celui-là seul peut être arbitre qui a la capacité nécessaire pour être juge de la contestation (5). La sentence des arbitres, *arbitrium*, est rendue à la majorité absolue. En cas de partage, l'affaire reste sans solution, à moins que les parties ne s'entendent pour choisir un départiteur; cependant, en cas d'urgence, les arbitres peuvent, avec la permission du juge, imposer ce départiteur aux parties (6). Les plaideurs sont obligés de se soumettre à la décision des arbitres; ils n'ont pas le droit d'en appeler (7).

On a vu combien a été puissante l'action du droit canonique sur nos formes judiciaires. Certains esprits, frappés de cette influence, en ont même exagéré la portée et ont prétendu retrouver dans toutes les formes actuelles de la procédure un germe canonique. Cette exagération les a conduits à d'évidentes méprises. Nous nous bornerons à en donner un exemple. Ainsi on a prétendu que le préliminaire de conciliation nous vient aussi du droit canonique; c'est une erreur manifeste. Sans doute, les lois canoniques recommandent aux juges de concilier les parties dans toutes les affaires susceptibles de transaction (8); il paraît même que le juge, avant d'accorder la permission d'assigner, recherchait si le procès était

---

(1) C. 9, X, De pœnis, 5, 37.
(2) C. 26, X, De officio et potestate judicis delegati, 1, 29.
(3) X, De transactionibus, lib. 1, tit. 36. — De arbitris, lib. 1, tit. 43.
(4) C. 1, 3, 11, X, De arbitris, 1, 43.
(5) C. 4, 5, 7, 8, 13, X, De arbitris, 1, 43.
(6) C. 26, X, De sententia, 2, 27. — C. 61, X, De appellationibus, 2, 28. — C. 39, X, De officio et potestate judicis delegati, 1, 29.
(7) C. 9 et 13, X, De arbitris, 1, 43. — C. 33 et 34, C. 2, qu. 6.
(8) C. 6, X, De officio vicarii, 1, 28.

sérieux et s'il ne pourrait pas amener les parties à transaction (1). Mais il n'y a rien là de commun avec notre préliminaire de conciliation, créé pour la première fois par l'Assemblée constituante dans la loi des 16-24 août 1790 et emprunté à un usage de la Hollande qu'une lettre piquante de Voltaire avait fait connaître en France depuis quelque temps.

(1) Van Espen, Tractatus historico-canonicus, pars. 3, tit. 7, cap. 22, nº 9.

TABLE DES MATIÈRES

LES SOURCES DE LA PROCÉDURE CIVILE FRANÇAISE

Châteauroux — Imp. Nunat, MAJESTÉ, successeur